Erich Bauer

Jahreshoroskop 2023

Endlich: Das Jahr der Liebe

Impressum:

Verlag und Herausgeber:

Masterbrain Gmbh, Roseggerweg 148,

A-8044 Graz, Österreich

Firmenbuch: FN 321095 z

Telefon: +43 720 / 513 043.

www.astroportal.com, info@masterbrain.com

Independently published

Geschäftsführer: Harald Koch, MBA MSc.

Autor: Erich Bauer

Bilder: Adobe Creative Cloud

Layout: Elisabeth Koch, MBA

Fotos Erich Bauer: Werner Krug: www.derkrug.at

Inhaltsverzeichnis

EINLEITUNG

2023 – Das Jahr der Liebe

Laut astrologischer Erfahrung besitzt jedes Jahr eine besondere Magie. Wenn man sie kennt, kommt man besser durch die Tage und weiß, wann und wo Gefahren warten, und wie man ihnen aus dem Weg geht. Noch wichtiger ist, die Stärken zu kennen und diese zu nutzen. Die Sonne, der Mond und die fünf wichtigsten Planeten, also Merkur, Venus, Mars Jupiter und Saturn, sind dazu bestimmt, jeweils ein Jahr zu regieren. Sie geben den Ton an. Sie sagen, was geht und, was schwierig ist.

2023 regiert Planet Mars. Rötlich funkelnd wie Feuer oder wie Blut, so zeigt er sich in der Nacht. Zuweilen kommt er der Erde so nahe, dass seine rötliche Farbe wie ein fernes Auge glüht. Menschen früherer Zeiten erschauerten daher, wenn sein Rot zunahm. Wird er das Feuer in den Menschen wecken, so dass sie gegeneinander in den Krieg ziehen?

Aber die eigentliche Bedeutung von Mars ist nicht Krieg, sondern Wachstum. Er regiert den Frühling und sorgt dafür, dass nach der Kälte des Winters in der Natur wieder neues Leben erwacht. Wir verdanken es ihm, dass an den Bäumen Knospen und Zweige sprießen, dass frisches Grün die trockenen Wiesen beglückt. Da ist kein Krieg zwischen den Zweigen an den Bäumen und Halmen auf der Wiese. Dass diesem Mars schon immer kriegerische Absichten unterstellt werden, liegt nicht am Himmel, sondern an uns Menschen auf der Erde, die sich von der Wahrheit entfernt haben.

Nicht nur die pflanzliche Welt wird durch Mars belebt, sondern auch alle Tiere spüren ihn im Frühling und erfinden abertausende von Spielen, um das jeweils andere Geschlecht für sich zu gewinnen. Und wir Menschen sind nicht anders. Lediglich, dass unsere Lust am anderen Geschlecht nicht auf den Frühling begrenzt bleibt. Diese Lust will letztendlich mehr als Befriedigung: In jeder Vereinigung zwischen Frau und Mann steckt der Wunsch nach Zeugung und Befruchtung. Denn über seine Kinder und Kindeskinder erlangt der Mensch Ewigkeit.

Das setzt voraus, dass in diesem Mars noch etwas anderes steckt, nämlich das Verlangen, sich zu vereinigen. Diese Kraft wird in der Astrologie am deutlichsten durch Planet Venus ausgedrückt. Ohne sie verliert sich Mars, wird bedeutungslos. Mit Venus zusammen entsteht das schönste, was das Leben auf unserer Erde hervorbringt: die Liebe.

Insofern ist die Deutung von Mars in Richtung Krieg und Zerstörung falsch. 2023 ist ein Jahr der Liebe. Es kommt nur auf uns an, das auch so anzunehmen.

Auch in einem Mars-Jahr regiert der Herrscherplanet nicht allein. Er muss sich mit den anderen Planeten arrangieren. Da ist Jupiter. Er befindet sich bis Mitte Mai im Sternzeichen Widder. Er kann dafür sorgen, dass wir die Herrschaft des Planeten Mars richtig, nämlich in Richtung Friedfertigkeit und Liebe interpretieren. Saturn befindet sich ab März im Tierkreiszeichen Fische. Das unterstützt ebenfalls die Sichtweise, dass es 2023 um Liebe und nicht um Krieg geht. Neptun befindet sich das ganze Jahr über im Tierkreiszeichen Fische. Seine Botschaft ist eindeutig und klar: Das Leben hat unendlich viele Dimensionen, alles ist möglich, aber letztendlich siegt immer die Liebe.

„Amor vincit omnia", lateinisch für ***„Die Liebe besiegt alles"***. Das war der Wahlspruch der Ritter und Minnesänger im 13. und 14. Jahrhundert.

Herzlichst, Ihr

WIDDER

(21. März bis 20. April)

2023 wird ein Heimspiel. Denn erstens heißt der Dirigent des neuen Jahres Mars – und just dieser Planet ist Ihr persönlicher Freund am Himmel. Zweitens steht Jupiter bis Mitte Mai in Ihrem Sternzeichen Widder. Damit können Sie alles erreichen: Sich auf die eigenen Füße stellen, Ihre Firma vergrößern oder Ihre berufliche Position ausbauen. Mars und Jupiter fördern besonders Ihr Besitzstreben: mehr Geld, mehr Sicherheit, mehr Essen und Trinken, aber vor allem - mehr Liebe.

2023 werden Sie es der ganzen Welt einmal zeigen, was ein richtiger Widder ist – und das sogar ohne große Anstrengung, ohne Extramittel. Sie müssen nur so sein, wie Sie der Kosmos erschaffen hat: lebendig, direkt, ehrlich, spontan – ja und zuweilen ruhig auch ein wenig frech und unüberlegt, Das macht Sie doch so liebenswert, so charmant. Vergessen Sie nicht: Sie sind ein Widder und kein braves Schaf, das immer nur die „Hufe" faltet. Verstehen Sie?

Mitte Mai verlässt Jupiter Ihr Sternzeichen und zieht im Abschnitt Stier ein. Jetzt geht es ums Geld. Werden Sie jetzt aktiv, ganz gleich, welche Pläne Sie haben, um mehr davon zu bekommen: Das bezieht sich sogar auf sämtliche Glücksspiele. Erst recht profitieren Sie von diesem Jupiter, wenn Sie irgendein Geschäft planen, eine Wohnung kaufen oder verkaufen, sich selbstständig machen oder in irgendwelchen Anlagen investieren wollen.

LIEBE

Mit Mars als Jahresregent und Jupiter in Ihrem Sternzeichen Widder werden viele unter Ihnen sagen: *„So schön war es noch nie!"* In Ihrer Partnerschaft wird es so lebendig, als hätten Sie sich gerade frisch ineinander verliebt. Die Singles wiederum überschüttet Mars beinahe mit noch mehr Möglichkeiten. Sind Sie eine Frau, können Sie sich vom anderen Geschlecht, kaum mehr retten. Und

Männer, die im Tierkreiszeichen Widder geboren sind, können 2023 alles haben: eine richtig erfüllende und befriedigende Partnerschaft mit einer tollen Frau oder mehrere aufregende Verhältnisse. Am tollsten wird die Liebe gleich in den ersten drei Monaten des neuen Jahres, wenn Ihr Mars Ihnen besonders viel erotische Ausstrahlung besorgt. Auch der Juni hält viele Liebeswunder bereit. Im September betritt Mars Ihr Gegenzeichen Waage und sorgt nochmals für eine besonders heiße Zeit. Spätestens jetzt findet der letzte ledige Widder jemanden fürs Leben. Mehr über Ihre Aussichten in den einzelnen Monaten erfahren Sie im weiter unten folgenden Monatskalender.

Karriere

Mars und Jupiter sind die besten Managementberater, die es gibt. Und diese beiden Gestirne haben Sie hundertprozentig auf Ihrer Seite. Geld und Erfolg fällt aber dennoch nicht einfach vom Himmel, denn Saturn spielt auch noch mit. Daher werden Sie 2023 nicht an Ihren guten Ideen und Einfällen gemessen, sondern an Ihren Taten. Man will wissen, was Sie wirklich können und nicht, was Sie könnten, „wenn ...". Sie haben ein starkes und erfolgreiches Jahr vor sich, wenn Sie Nägel mit Köpfen machen. Dann kommt auch noch Pluto ins Spiel. Dieser magische Planet steht in Ihrem 10. Haus, das ja bekanntlich für Selbstverwirklichung zuständig ist. Da müssen Sie sich öffnen für all die Kräfte, die in Ihnen sind und welche die Ahnen in Sie gelegt haben. Dann kann aus Ihrem Leben etwas wirklich Großes werden, und Sie werden das Jahr 2023 als das Jahr bezeichnen, in dem die Weichen für Ihre große Zukunft gestellt wurden.

Ihre Mars-Chance

Pluto deckt Ihre Schwachstellen auf: Anlagen von Ihren Vorfahren und verschlampte Geschichten, die Sie sich selbst im Laufe Ihres Lebens eingebrockt haben. Es tritt also zu Tage, was bereits vorhanden ist. Jetzt hilft Ihnen Ihr Mars. Mit seiner Hilfe können Sie sich von Schadstoffen befreien, Schwachstellen stärken und Symptome auskurieren. Leben Sie gesund (wenig Fleisch, viel Gemüse). Trinken Sie täglich zwei Liter Wasser zum Ausspülen. Bewegen Sie sich viel an der frischen Luft.

CHARAKTER	Kühn, optimistisch, elementar
PERSÖNLICHES AUFTRETEN	Energisch, kraftvoll, dreist
FÜHLEN	Heiß, leidenschaftlich
STEIN	Rubin
TIER	Wolf
PFLANZE	Distel
BESTER TAG	Dienstag

Januar

🏆 ***Erfolg*** Bis zum 20. Januar bestimmt Saturn. Das bedeutet, dass Sie nur dann mit Geld und Erfolg rechnen können, wenn Sie keine Mühe scheuen. Hingegen ist dieser Monat wunderbar dafür geeignet, sich um Ihre berufliche Zukunft zu kümmern. Vielleicht finden Sie auch Interesse an einer Weiterbildung.

❤ ***Liebe*** Venus und Ihr persönlicher Herrscherplanet Mars stehen großartig zum Jahresanfang. Da gibt es ganz bestimmt viele Widder, die Glück in der Liebe finden. Besonders günstig ist der Januar auch, um über eine Partnerbörse Liebesglück zu versuchen.

👍 ***Gut für*** Neue Ideen und vielleicht sogar Schritte für Ihre Karriere.

☹ ***Schlecht für*** Zu viel allein machen. Teamarbeit ist angesagt.

★ ***Die besten Sternenpartner***: Wassermann

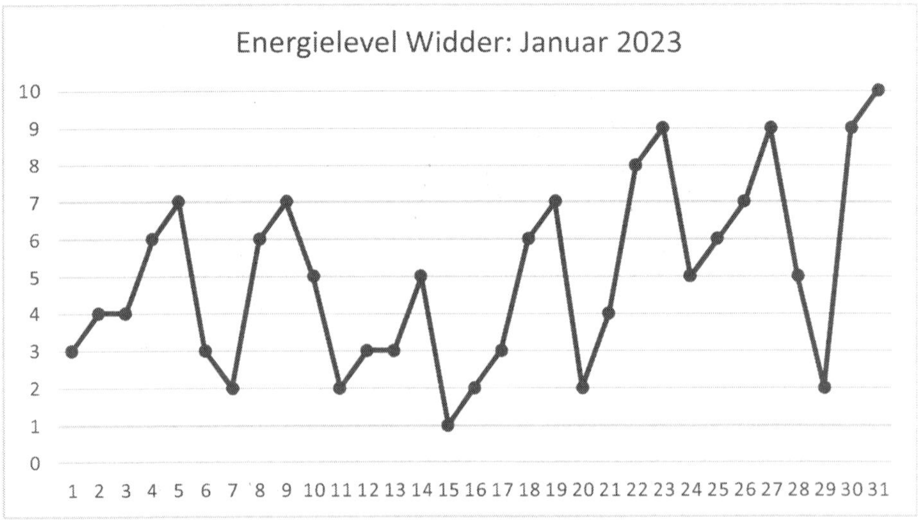

Februar

Erfolg Was Ihre Karriere betrifft, haben Sie ab dem 11. Supersterne: Merkur und Jupiter basteln gemeinsam für Sie an einem Konzept, das Sie beruflich weiterbringt. Gehen Sie daher davon aus, dass man irgendwann auf Sie zukommt und Ihnen ein Angebot offeriert. Reagieren Sie noch vor dem Monatsende positiv auf dieses Angebot.

Liebe Für die Liebe tut sich bis zum 20. Februar nicht viel. Aber auch solche Zeiten gehören nun einmal zum Beziehungsalltag und sind ein Test, ob man auch solche Phasen gemeinsam übersteht. Außerdem ist das gut für Ihre Karriere, denn irgendwelche amourösen Abenteuer stehen nicht an und können Sie daher auch nicht ablenken.

Gut für Sie können jetzt etwas schaffen, was Sie stolz macht.

Schlecht für Ego-Allüren haben grundsätzlich keinen Platz, und jetzt schon gleich gar nicht.

Die besten Sternenpartner: Löwe

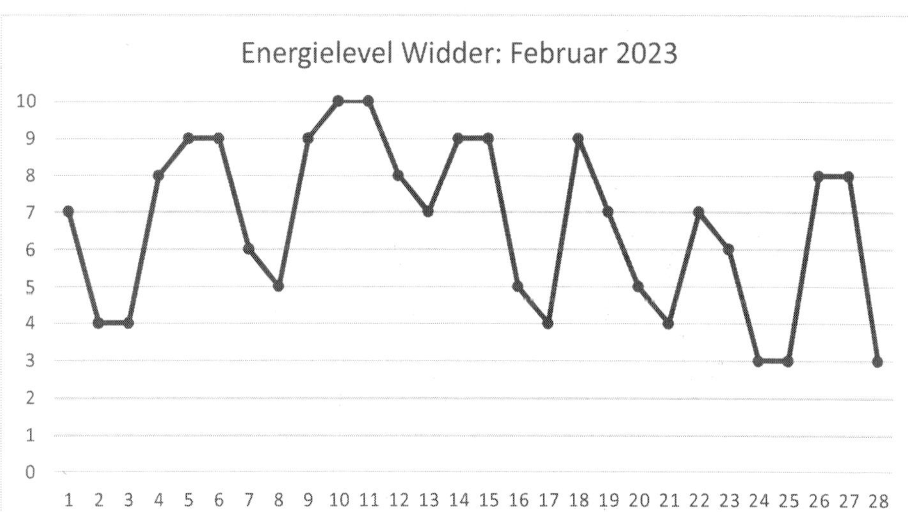

März

Erfolg Merkur steht bis zum 18. des Monats ungünstig. Da geht nichts schnell oder leicht. Nur wenn Sie sehr behutsam vorgehen, haben Sie eine Chance auf Erfolge. Mehr Arbeit? Sie sind dabei! Denn wer viel schuftet, verdient auch viel – und kann viel ausgeben: für Garderobe, Wohnung und Hobbies. Schließlich leben Sie nicht, um zu arbeiten, sondern Sie arbeiten, um – gut! – zu leben.

Liebe Auf Liebe brauchen Sie allerdings nicht zu verzichten: Venus steht vom ersten bis zum 17. März in Ihrem Sternzeichen. Da können Sie beinahe jeden Tag mit einer tollen Chance rechnen, insbesondere auch deswegen, weil Jupiter und Mars weiterhin in einer fabelhaften Position für Sie stehen. Zum Monatsende hin wird es im Zwischenmenschlichen kühler.

Gut für Sich ein Vergnügen genehmigen.

Schlecht für Größere Anschaffungen machen.

Die besten Sternenpartner: Löwe, Zwillinge, Wassermann

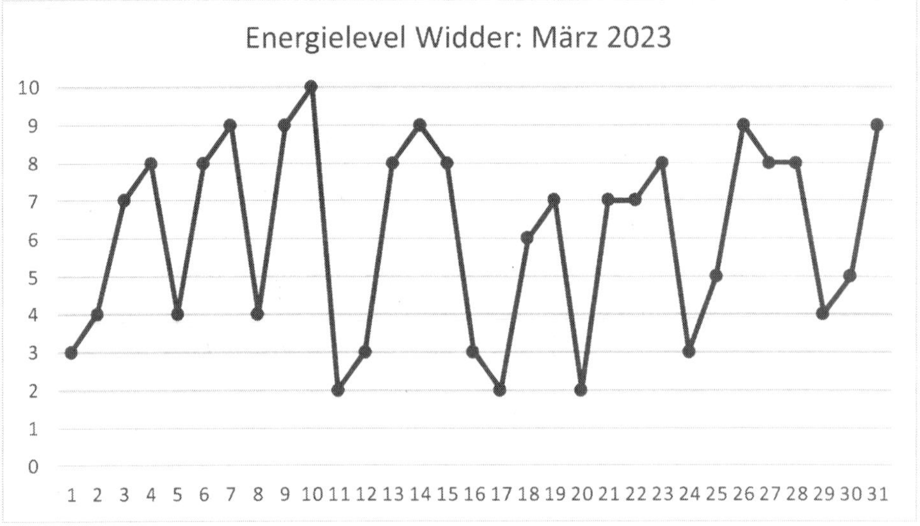

April

Erfolg Der April ist nicht das Gelbe vom Ei. Merkur steht ungünstig und läuft ab dem 22. rückwärts. Aber mithilfe von Jupiter, der Ihnen in diesem Monat viel Kraft schenkt, können Sie dagegenhalten.

Liebe Außerdem haben Sie Venus ab dem 11. des Monats in einer herrlichen Position, so dass zumindest die Feierabende sehr angenehm werden. Der Höhepunkt aber ist Jupiter. Der Glücksplanet bezieht eine für Sie optimale Position. Endlich werden Sie sich wieder zu den Menschen rechnen können, die im Glück geboren sind. Sie können davon ausgehen, dass Sie herrliche Erfahrungen machen. Den Singles unter Ihnen versprechen die Sterne sogar die Chance auf eine verheißungsvolle Begegnung.

Gut für Etwas für Ihre Gesundheit tun.

Schlecht für Schlamperei, auch, was Ihren Körper angeht, sind schädlich.

Die besten Sternenpartner: Löwe, Waage, Widder

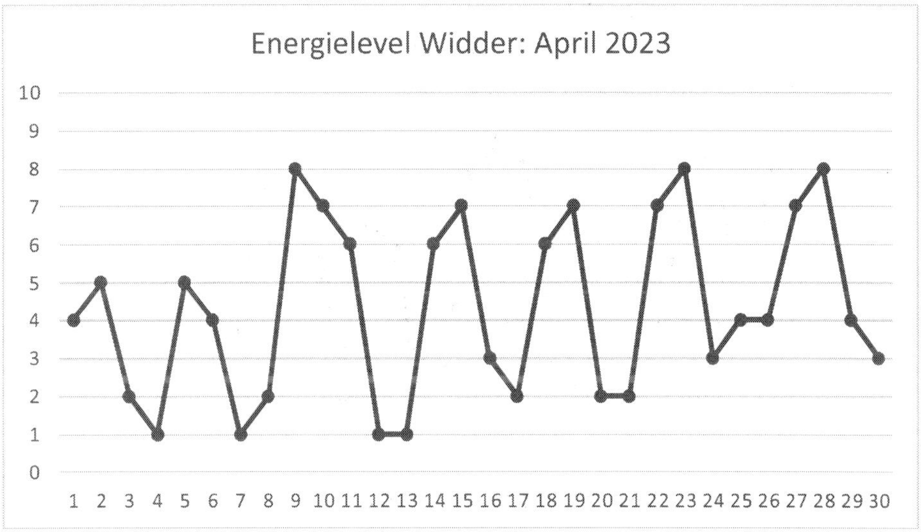

Mai

Erfolg Jupiter genießt unter allen Gestirnen den besten Ruf. Steht er günstig, wie bei Ihnen bis zum 16. Mai, haben Sie einen fantastischen Karriere-Helfer: Sie bekommen einen neuen Vorgesetzten, der auf Sie abfährt. Ihr jetziger Chef steigt auf und nimmt Sie mit. Ein Geschäftsmann hält Ihre Idee für einen Hit. Sogar das ist drin in Jupiters Spendenkorb, dass Sie einem Mäzen und Gönner über den Weg laufen und – besonders toll – vielleicht sogar im Lotto gewinnen. Danach lässt Sie das Glück links liegen.

Liebe In Partnerschaften sind wichtige Grundsatzdiskussionen angesagt, und für die Singles unter Ihnen gibt es viel zum Nachdenken, weil es nicht so läuft, wie Sie sich dies vorstellen. Erfreulich ist Jupiter, der bis zur Monatsmitte an Ihrer Seite steht, und auf keinen Fall zulässt, dass Sie im allgemeinen Stress untergehen.

Gut für Alles läuft besser und reibungsloser.

Schlecht für Leichtsinn.

Die besten Sternenpartner: Wassermann, Löwe, Waage

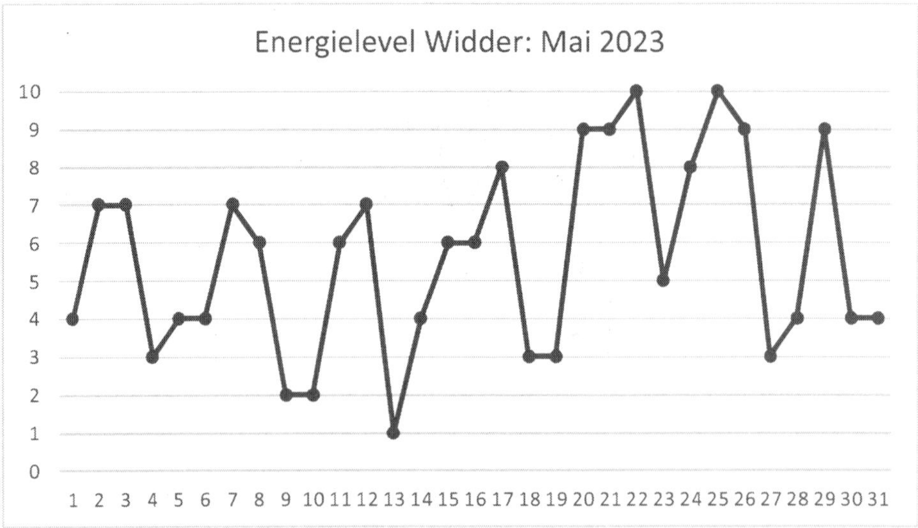

Juni

Erfolg Das wird ein aufregender Monat mit einem winzigen Problem: Sie müssen sich manchmal im Beruf mehr anstrengen, als Ihnen lieb ist. Aber es lohnt, denn es schaut etwas dabei heraus. Auch für die Lottozahlen sieht es gut aus. Bis zum 20. befindet sich die Sonne in einer günstigen Position. Sie können jetzt einfach Ihre guten Sterne für Ihre Karriere genießen oder sich sagen, dass Sie jetzt weiterkommen können, wenn Sie aktiv werden.

Liebe Venus und Mars stehen im Feuerzeichen, was Ihr persönliches Feuer entfacht. Das verdoppelt Ihre Chancen in der Liebe. Sie sind attraktiv und das bemerken alle. Jetzt müssen Sie sich nur noch zeigen.

Gut für Beruflich vorwärtskommen.

Schlecht für Unzufrieden sein.

Die besten Sternenpartner: Löwe, Schütze, Waage

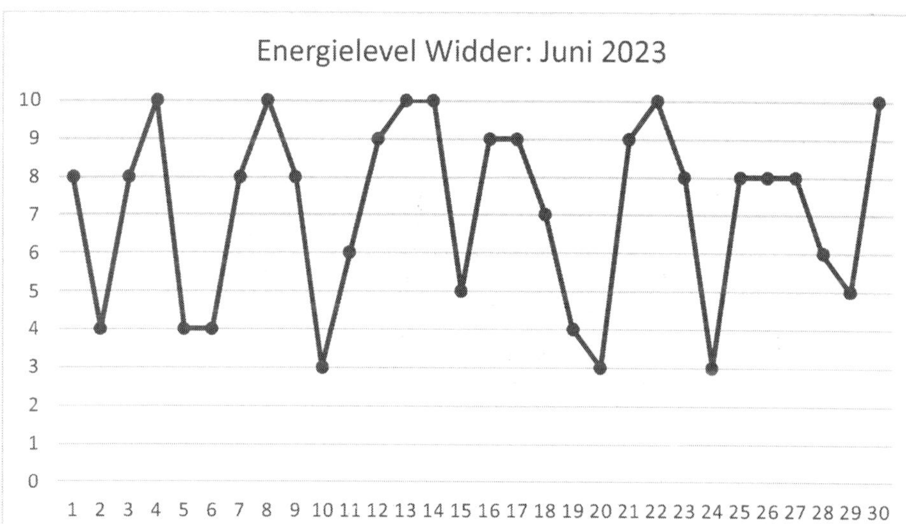

Juli

🏆 ***Erfolg*** Die Sterne machen es Ihnen nicht leicht. Aber sie versprechen Ihnen auch Erfolg, wenn Sie sich anstrengen. Wichtig ist, dass Sie Ihre Aufgaben genau und pünktlich erledigen. Das kommt an und wird honoriert.

❤ ***Liebe*** Der Liebesplanet Venus befindet sich im Juli im Tierkreiszeichen Löwe, und Mars hält in der ersten Juliwoche mit. Das ist für Sie, einen Widder, eine regelrechte Einladung. Die Sterne wollen, dass Sie sich zeigen. Sie dürfen auch ruhig übertreiben. Das kommt jetzt prima an. Powern Sie ruhig einmal! Der Liebesplanet Venus hat jetzt besonders viel Kraft, die sie besonders denjenigen unter Ihnen zur Verfügung stellt, die in einer festen Beziehung leben. Sie haben wieder mehr Lust miteinander und verbringen viel Zeit bei gemeinsamen Unternehmungen, wozu natürlich auch „Liebe machen“ gehört.

👍 ***Gut für*** Glück und Zufriedenheit.

☹ ***Schlecht für*** Nicht zufrieden sein mit dem, was man hat.

★ ***Die besten Sternenpartner***: Waage, Löwe, Schütze

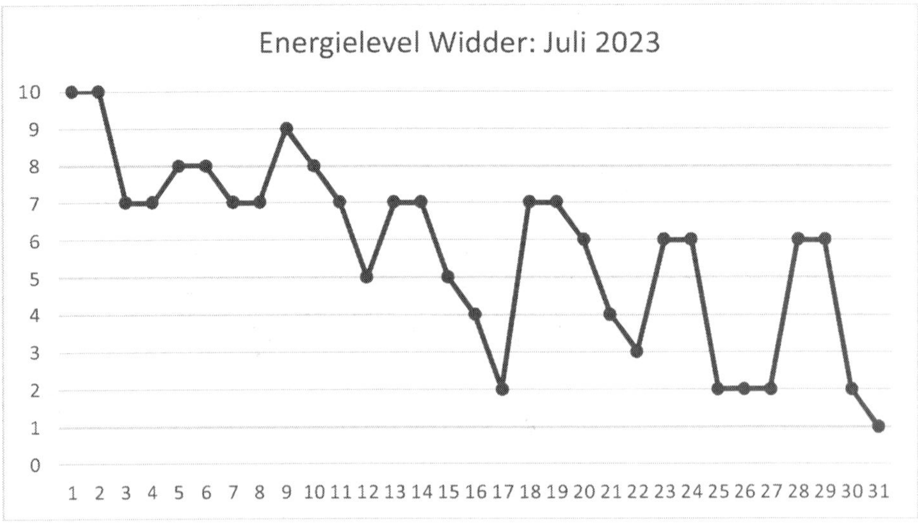

August

Erfolg Mars, Ihr persönlicher Herrscherplanet und Regent des Jahres, befindet sich im Tierkreiszeichen Jungfrau. Das ist ein Hinweis: Sie sollen genau arbeiten und keine Fehler machen. Auf der anderen Seite kommen Sie gut voran und haben dann nach Feierabend noch Zeit für sich.

Liebe Die Sonne und Venus beziehen eine tolle Position im Löwen, wobei der Liebesplanet rückwärtsläuft. Da ist nichts schöner als ein Urlaub irgendwo, wo Sie die Seele baumeln lassen können. Müssen Sie hierbleiben und arbeiten, gilt es, jede Chance zu nutzen, um auszuspannen.

Gut für Glück, Gewinn, Vorteil.

Schlecht für Unzufrieden sein.

Die besten Sternenpartner: Löwe, Waage, Widder, Wassermann

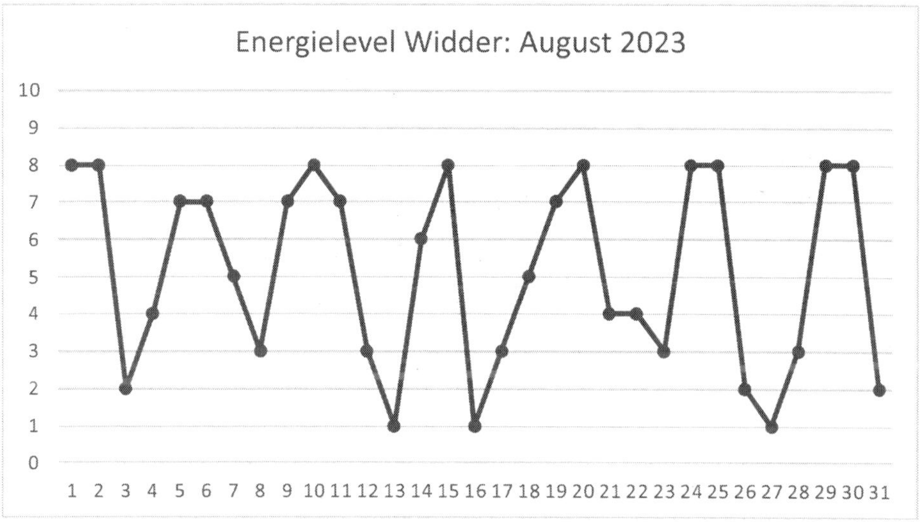

September

🏆 ***Erfolg*** Mit der Sonne ab dem 1. im Zeichen Jungfrau geht es wieder einmal verstärkt um Ihre Finanzen. Bis zum 15. des Monats läuft Merkur rückwärts. Rechnen Sie mit Schwierigkeiten und Problemen. Danach kann sich Mars entfalten, und Sie holen beruflich nach, was Sie in der ersten Monatshälfte versäumt haben. Trotzdem, Sie dürfen auch nicht gleich übertreiben.

❤ ***Liebe*** Der Liebesplanet Venus läuft rückwärts. Das kann eine Anregung für Sie sein, in Gedanken, die Vergangenheit zu besuchen. Erinnern Sie sich an die schönen Zeiten. Versöhnen Sie sich aber auch mit solchen, in denen es Ihnen nicht so gut ging. Das ist wichtig. Weniger günstig taugt diese Venus für neue Verhältnisse. Höchstens praktische Bündnisse klappen gut. Falls Ihnen Ihre Kolleginnen und Kollegen am Herzen liegen, können Sie auch hier einen Vorstoß wagen, um sich näher zu kommen

👍 ***Gut für*** Ein angenehmer Monat, vielleicht bringt er sogar mehr Geld.

☹ ***Schlecht für*** Zu viel verlangen und zu viel Geld ausgeben.

★ ***Die besten Sternenpartner***: Jungfrau, Waage, Steinbock

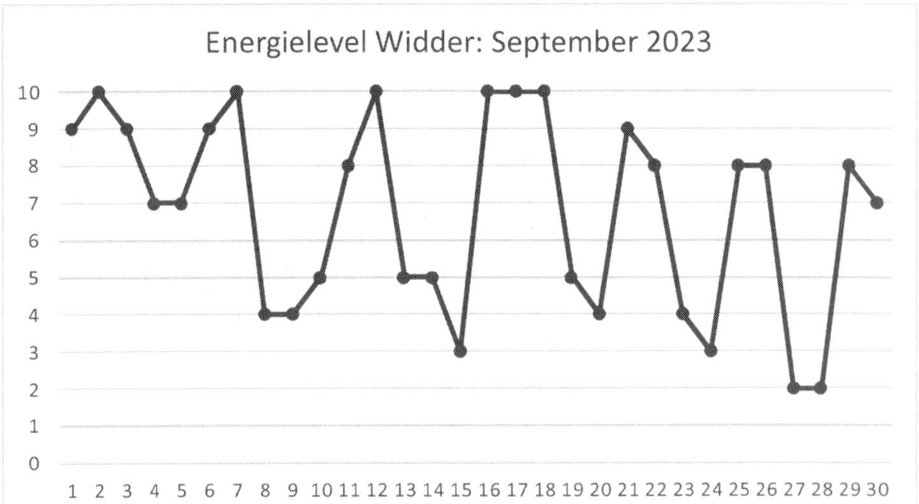

Oktober

Erfolg Herrscherplanet Mars bezieht ab dem 11. keine Glanzposition. Sie bekommen sogar manchmal das Gefühl, Sie müssen Ihr Geld zusammenhalten. Aber Job-Planet Merkur, hält zu Ihnen, und so beenden Sie den Monat dann doch noch mit einem Erfolg. Es ist, als würden Sie auf die Bühne treten. Bevor der Vorhang aufgeht, sorgt die Regie für eine optimale Erscheinung. Mit Mars im Zeichen Skorpion schaffen Sie es auch, eventuelle Konkurrenten zu überbieten.

Liebe Was die Liebe betrifft, bringt Venus im Zeichen Jungfrau jetzt eher kühle Gefühle zum Ausdruck. Sie haben auch nichts dagegen, wenn Sie jetzt öfters allein sind. Zu viel Nähe ist Ihnen sogar unangenehm.

Gut für An sich selber glauben.

Schlecht für Sich hängen lassen

Die besten Sternenpartner: Löwe, Waage

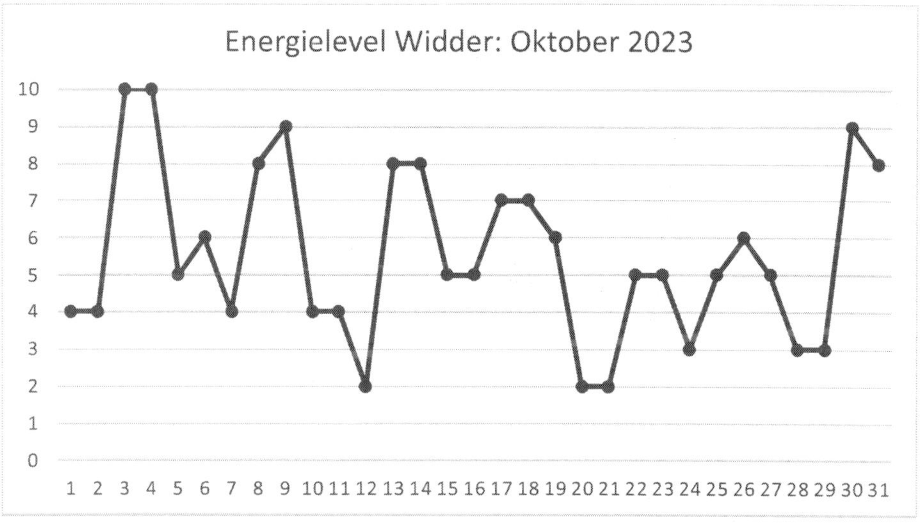

November

Erfolg Der Herbst hat begonnen. Das merkt man nicht nur daran, dass die Bäume immer kahler werden, sondern auch daran, dass es Ihnen immer weniger um Ihr Äußeres geht. Wie Sie aussehen und was Sie besitzen, ist natürlich auch wichtig, aber noch mehr geht es um Ihre inneren Werte. Gut möglich, dass Sie jetzt Freunden und Kollegen distanzierter sind, weil sie zu wenig Charakter zeigen. Ab dem 11. November hilft Ihnen Merkur. Er schickt Ihnen gute Ideen, wie Sie im Beruf vorankommen und erfolgreich sind. Aber Merkur hilft Ihnen auch, darüber nachzudenken, was in Ihrem Leben wirklich Sinn macht. Das verleiht Ihnen mehr Ruhe.

Liebe Der Liebesplanet Venus zieht im November durch das Tierkreiszeichen Waage. Es liegt Ihrem Sternzeichen genau gegenüber. Die Astrologie sagt, dass man jetzt die besten Chancen hat, dem Menschen zu begegnen, der einen ergänzt. Schauen Sie sich um!

Gut für Freundschaften, die etwas wert sind.

Schlecht für Sich und anderen etwas vormachen.

Die besten Sternenpartner: Löwe, Schütze, Jungfrau

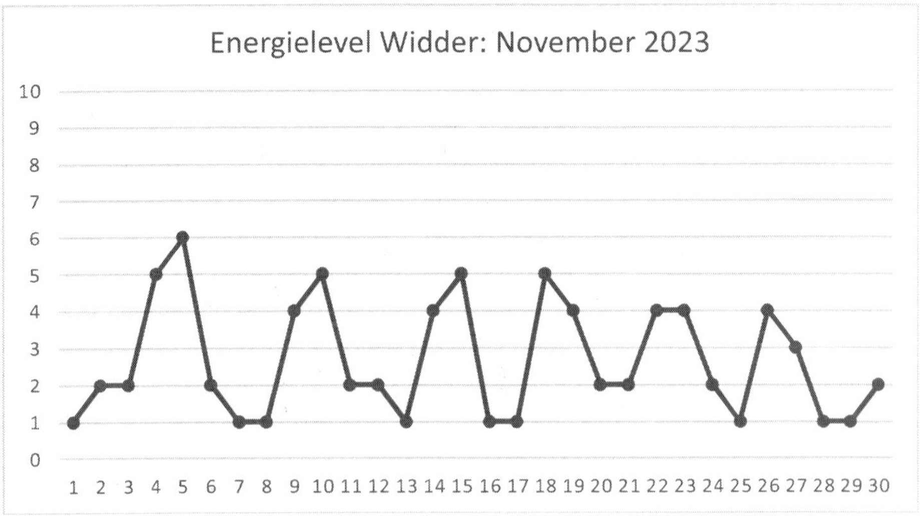

Dezember

Erfolg In sämtlichen Job-Angelegenheiten – Schule, Bewerbung, Vorstellung, Chefgespräch – kommen Sie bestens an. Lassen Sie ruhig etwas von Ihrem Optimismus durchklingen! Aber denken, Sie auch daran, dass Ihre Sterne zur Bescheidenheit mahnen.

Liebe Venus, der Liebesplanet, steht im Skorpion. Da zur gleichen Zeit Mars durch das Zeichen Schütze läuft, spricht alles dafür, dass Sie möglicherweise eine Liebe fortsetzen, die bereits in einem früheren Leben begonnen hat. Vielleicht kommen Sie auch mit dem Menschen wieder zusammen, von dem Sie sich in diesem Leben getrennt haben.

Gut für Sich mit spirituellen Dingen beschäftigen.

Schlecht für Die Seele vergessen.

Die besten Sternenpartner: Schütze, Löwe, Waage

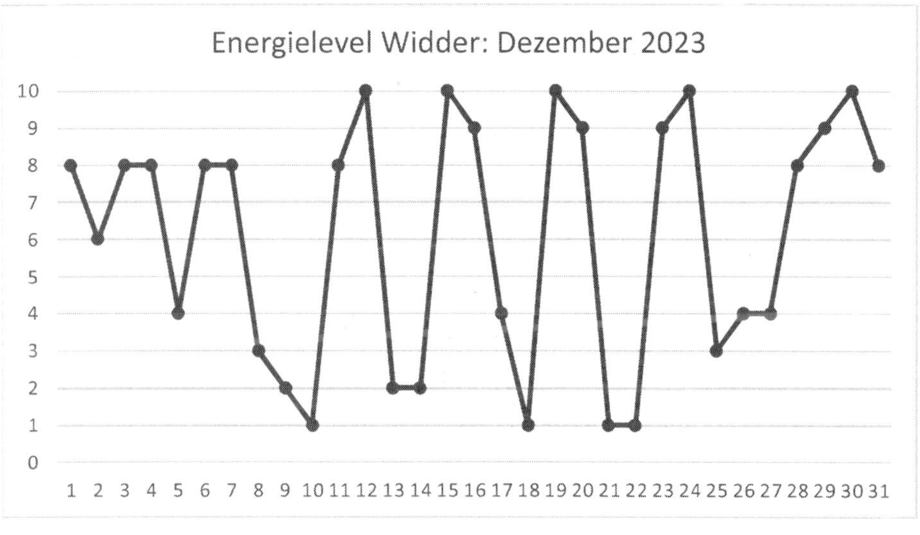

Stier

(21. April bis 21. Mai)

Das Jahr 2023 wird von Mars regiert. Das weckt auf der Erde viele sogenannten Helden, Leute, die sich für unwiderstehlich halten und meinen, den Erfolg schon in der Tasche zu haben. Genau dann sind Menschen mit Rückgrat, Sachverstand und Beharrlichkeit nötiger denn je. Und kein anderes Sternzeichen ist dazu besser in der Lage als Sie - ein Stier. Sie sind also 2023 gefragt und werden Ihre Chancen bekommen – und Sie werden sie nutzen. Ihnen schenkt Mars Kraft, Ausdauer, Realitätssinn – aber keine Fantastereien.

Jupiter steht ab Mitte Mai in Ihrem Sternzeichen Stier. Das ist eine einmalige Chance, mehr aus Ihrem Leben zu machen. Sehen Sie's einmal so: Sie stehen vor einem Berg. Oben, auf dem Gipfel, finden Sie alles, wovon Sie schon immer träumen: Geld, Reichtum, Ansehen, Ruhm, Ehren – und eine erfüllte Partnerschaft. Aber Sie müssen erst hinauf. Das ist zwar anstrengend wie jede Bergbesteigung. Aber es lohnt sich wirklich. Der Gipfel ist jede Mühe wert. Und Sie bekommen ja vom Jahresregenten Mars immer wieder viel Kraft. Wann genau das der Fall ist, entnehmen Sie bitte den einzelnen Monatsanalysen.

LIEBE

Wenn es um Liebe geht, kommt das Mars-Jahr für Sie wie gerufen. Dieser Planet hat die Wirkung einer Wachstumsdroge. So, wie im Frühjahr die gesamte Natur erwacht und nach außen drängt, weckt er bei „Weiblein" und „Männlein" riesengroße Lust. Alle Welt ist im kommenden Jahr damit beschäftigt, einen Partner zu finden, um miteinander „schöne Dinge" zu machen. Sie, der Stier, der ohnehin mehr Lust hat als sämtliche anderen Sternzeichen, werden daher im Mars-Jahr 2023 beinahe vor Sinnlichkeit „platzen", und Sie werden so viele Gelegenheiten bekommen, Ihre Sinnlichkeit zu leben, wie schon lange nicht mehr. Dabei denkt ein Stier bei dem Wort Sinnlichkeit nicht nur an Liebe, sondern auch an gut Essen,

Trinken und gut Leben – und das werden Sie auch bekommen. Am schönsten wird es im Mai, dann wieder im Juli und August. Alle weiteren Höhepunkte in der Liebe entnehmen Sie bitte den weiter unten folgenden Monatsanalysen.

KARRIERE

Das wurde schon gesagt, dass Sie sich von marsischem Gehabe nicht aus der Ruhe bringen lassen dürfen. 2023 wird viel geblufft und überzogen. Letztendlich gewinnt jedoch nicht, wer die größte Klappe, sondern Erfahrung, Wissen, Solidität besitzt – und darin sind Sie allemal Meister. Saturn befindet sich von März bis zum Ende des Jahres in einer Position, die Ihnen zu Überlegenheit und Weisheit verhilft. Dass wiederum Jupiter ab Mitte Mai in Ihrem Sternzeichen Stier steht, wurde schon gesagt: Das sind fantastische Aussichten für berufliche Erfolge. Wichtig ist, dass Sie an sich glauben, und sich nicht verrückt machen lassen, sondern klar und bestimmt Ihren Weg gehen. Alles, was mit Geld (Käufe, Verkäufe, Anschaffungen) zu tun hat, läuft ab Mitte Mai besser als zuvor.

Worauf Sie sich unbedingt noch einstellen müssen, ist Uranus. Dieser Stern befindet sich das ganze Jahr über in Ihrem Sternzeichen. Er sieht weiter in die Zukunft als Sie. Daher kann es sein, dass er Ihnen im kommenden Jahr dann und wann Wünsche abschlägt oder Sie zwingt, Ihren Weg zu ändern. Warum? Uranus weiß, dass es besser weitergeht, wenn Sie sich nach ihm richten. Also tun Sie das dann bitte auch!

IHRE MARS-CHANCE

Mars ist ein segensreicher Geist, der Ihnen das ganze Jahr über zur Seite steht und Sie vor unangenehmen Dingen - Krankheiten wie Unfälle gleichermaßen - schützt. Sie müssen sich nur klarmachen, dass Sie kein „Müllschlucker" sind. Mars hilft Ihnen, sich besser abzugrenzen, öfters mal "Nein" zu sagen. Und so sind Sie das ganze Jahr über gegen gesundheitliche Probleme gefeit. Aber er könnte Sie auch dazu veranlassen, nicht immer gut, genau und ausdauernd zu sein. In Kürze Millionär? Bei derartigen Ammenmärchen können Sie gleich abwinken; das ist bestimmt nichts für Sie.

CHARAKTER	Lebensfroh, hilfsbereit, bequem
PERSÖNLICHES AUFTRETEN	Bescheiden, bestimmt, tolerant
FÜHLEN	Natürlich, anhänglich
STEIN	Smaragd
TIER	Maikäfer
PFLANZE	Kürbis
BESTER TAG	Freitag

Januar

Erfolg Lassen Sie das Jahr langsam angehen. Lediglich Merkur steht bis kurz über die Mitte des Monats hinaus günstig, beginnt dann aber mit einem Rückwärtslauf. Auf die Sonne können Sie sich verlassen. Das reicht für Zufriedenheit. Wenn Sie dann und wann auch einmal meditieren, verbinden Sie sich mit Neptun. Das schenkt Ihrem ganzen Leben mehr Sinn.

Liebe Der Himmel schaltet auf Ruhe und Gelassenheit. Genauso sollten Sie jetzt auch Ihrem Partner begegnen. Sind Sie Single, finden Sie bestimmt im nachweihnachtlichen Fernsehprogramm gute Tipps für unterhaltsame Abende.

Gut für Ruhe und Gelassenheit.

Schlecht für Aktionen ganz egal welcher Art.

Die besten Sternenpartner Sie selbst

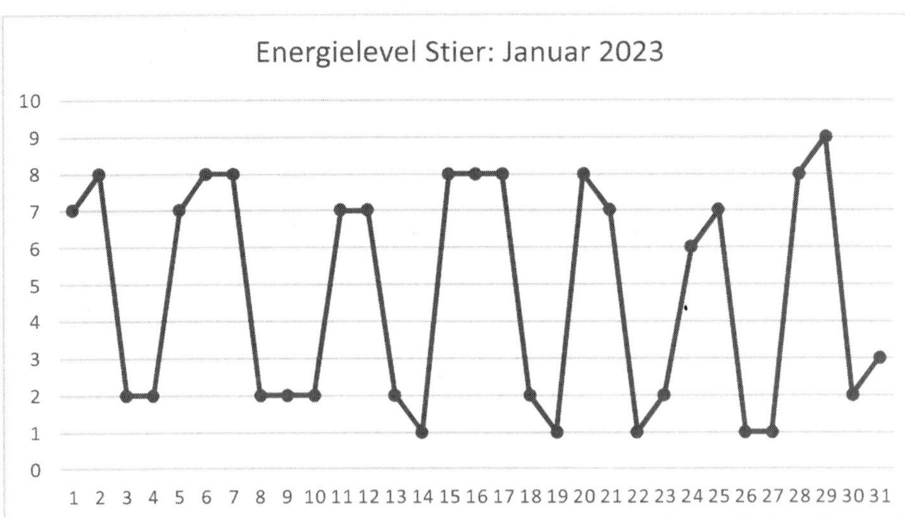

STIER: IHRE GANZ PERSÖNLICHEN STERNE IM

Februar

🏆 ***Erfolg*** Haben Sie keine Angst. Sie sind umringt von wohlgesonnenen Planeten: Uranus, Pluto und Neptun – alle stehen bereit für Sie. Aber Sie müssen ihnen vertrauen und nicht gegen sie handeln. Es wird Ihnen nichts geschehen. Sie konnen sich fallen lassen. Was Sie tun müssen ist, immer wieder Ihre Mitte suchen. Konzentrieren Sie sich auf Ihre Brust und sammeln Sie Energie. Atmen Sie tief ein und aus!

❤ ***Liebe*** Ab der zweiten Woche verkünden die Sterne eine Liebespause. Sie sparen sich daher viel Zeit, Geld und Enttäuschungen, wenn Sie Ihr Ausgehprogramm runterfahren und stattdessen Ihre freien Tage und Abende zuhause verbringen. Das schützt Sie auch besser gegen Erkältungen. Um eine neue Partnerschaft zu beginnen, sind die Sterne nicht günstig. Der Grund lautet, dass Sie im Moment besonders anspruchsvoll sind.

👍 ***Gut für*** Menschen, die fest an Ihrer Seite stehen.

☹ ***Schlecht für*** Keine Verantwortung für Ihr Leben übernehmen.

★ ***Die besten Sternenpartner***: Steinbock, Fische, Stier

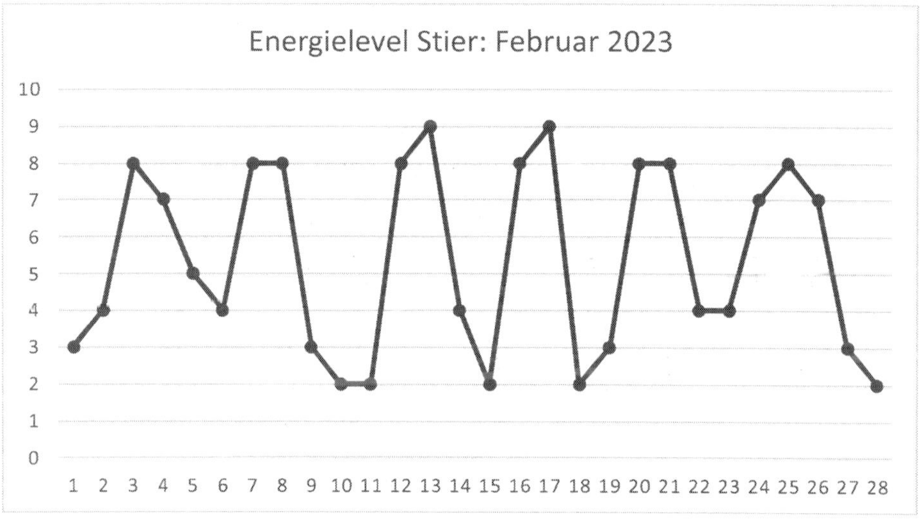

März

Erfolg Ihr Berufsleben ist ein ruhiger, steter Fluss, auf dem Sie sich bis zum 18. des Monats sachte dahintreiben lassen können. Keine Stromschnellen, die Sie überraschen, aber auch keine sprudelnden Ideen, mit denen Sie überraschen. Sie nutzen diese Zeit und werfen Ihre Netze aus, doch der große Fang bleibt aus: kein neuer Job, kein dicker Auftrag. Aber mit Ihrem Optimismus retten Sie sich unbeschadet durch die Zeit bis zum Frühlingsanfang am 21. März, wo die Sonne auf Sie wartet. Sie werden trotzdem schnell müde. Darauf müssen Sie sich einstellen, sonst versündigen Sie sich an Ihrer Gesundheit.

Liebe Am 18. März umarmt Liebesplanet Venus Ihr Sternzeichen. Da gehört Amber in die Badewanne, Moschus auf die Haut, die Erlaubnis, Ihr Konto zu überziehen und ein Wesen, das Sie auf Händen trägt. Klingt wie ein Märchen? Ja – könnte aber Wirklichkeit werden. Was Ihre sonstigen Sterne angeht, wird zu einem vorsichtigen Vorgehen geraten.

Gut für Zeit für die Liebe.

Schlecht für Nach dem 6. März nicht bereit sein für Veränderungen.

Die besten Sternenpartner: Jungfrau, Skorpion, Fische

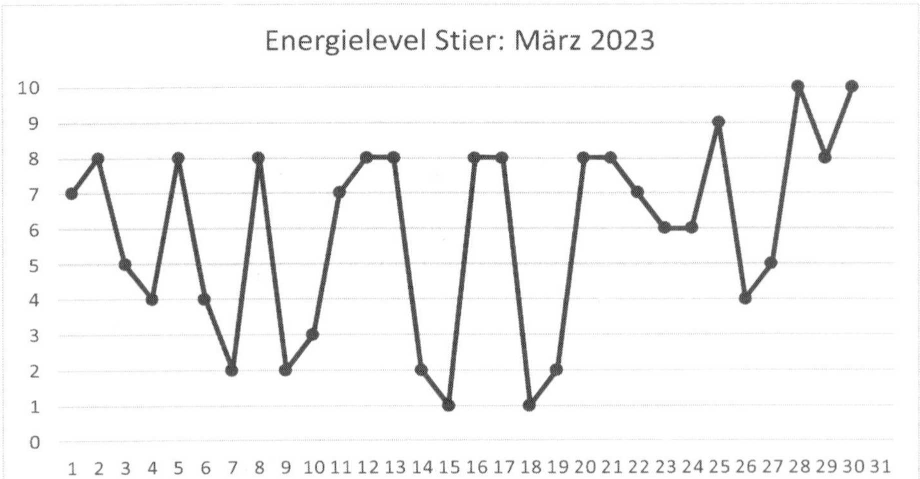

STIER: IHRE GANZ PERSÖNLICHEN STERNE IM

April

Erfolg Im April haben Sie den Herrscherplaneten des Jahres, Mars, an Ihrer Seite. Das ist ein sicheres Omen für eine starke Zeit. Sie werden sich vorkommen wie nach einer Verjüngungskur oder drei Wochen Urlaub. So, was machen Sie jetzt mit dieser Kraftquelle? Klar! Sie drängeln sich im Beruf nach vorn, bzw. gehen die Dinge an, die Sie schon lange vor sich herschieben.

Liebe Das Schönste, dieser tolle Planet mischt sich auch in Ihr Privatleben. Vor allem bis zum 10. des Monats ist alles bestens. In Partnerschaften erleben Sie einen Frühling der Liebe. Und die Singles unter Ihnen können Ihren Status ändern

Gut für Erfüllung in der Liebe.

Schlecht für Sich keine Zeit lassen für die schönen Dinge des Lebens.

Die besten Sternenpartner: Stier, Jungfrau, Skorpion

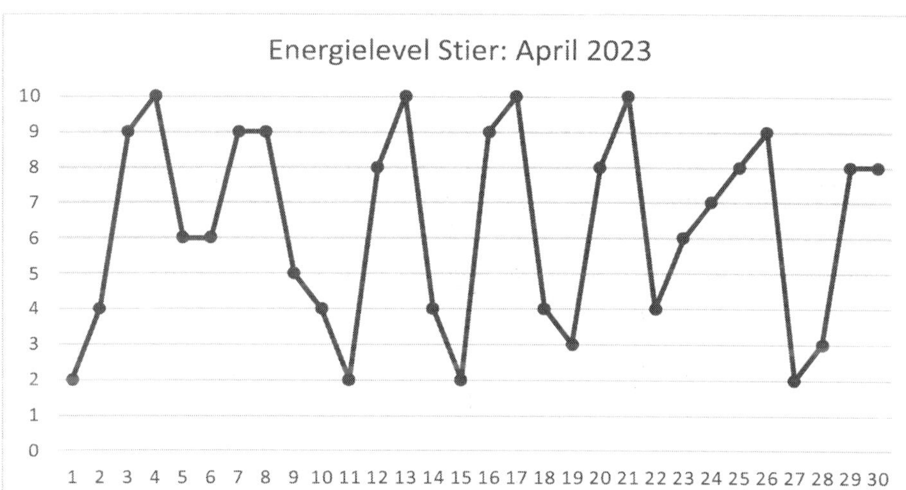

Mai

Erfolg Im Mai können Sie vor allem mit der Sonne rechnen, die in den ersten drei Wochen Ihr Sternzeichen belebt. Das bringt Glück und Zufriedenheit, aber große Erfolge sind nicht angesagt. Wichtig ist jedoch, dass Jupiter, der Glücksplanet, am 16. Mai Ihr Sternzeichen Stier betritt. Damit wird es jetzt auch nicht gleich Geldscheine vom Himmel regnen, aber Sie werden innerlich ruhiger, zufriedener, und damit wachsen auch ihre Chancen auf Erfolge.

Liebe Die Liebe lässt auf sich warten. Erst am 8. des Monats bezieht Venus eine Position, die auf Frühlingsgefühle a la Mai hoffen lässt. Zumindest bis zum 20. Mai bekommen Sie großartige Liebessterne vom Himmel geschenkt: Mars und Venus umarmen sich im Tierkreiszeichen Krebs.

Gut für Nehmen, wie es kommt.

Schlecht für Verpulvern Sie Ihre Energie nicht für Projekte, die nichts einbringen.

Die besten Sterneparnter: Steinbock, Fische, Stier

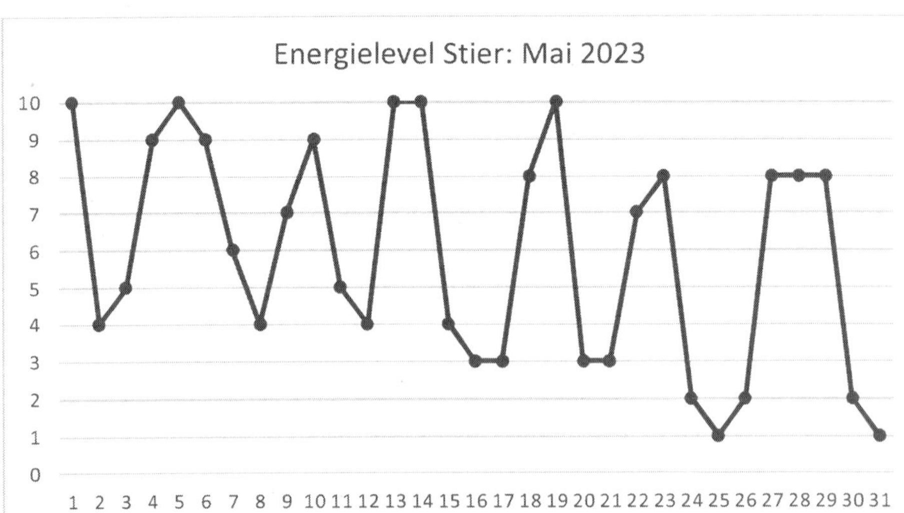

STIER: IHRE GANZ PERSÖNLICHEN STERNE IM

Juni

Erfolg Im Juni haben Sie nur einen Freund am Himmel, und der heißt Jupiter. Das ist nicht irgendein x-beliebiger Planet, sondern dieser gilt in der Astrologie als König unter den Sternen. Außerdem ist er zuständig für all die schönen Dinge, die das Leben glücklich machen: Gesundheit, Geld, Liebe. Sie müssen sich bei ihm allerdings bemerkbar machen. Sprechen Sie am Abend oder morgen mit ihm und bitten Sie ihn, er möge Sie begleiten.

Liebe Auch Ihre Liebe profitiert von Jupiter, aber auch hier gilt, dass Sie nicht einfach nur warten können, sondern sich bei Jupiter bemerkbar machen müssen. Vielleicht pflücken Sie sich im Park einen schönen Strauß Blumen und stellen ihn auf Ihren Schreibtisch. Das macht Jupiter Freude.

Gut für Kluges Handeln, Gas geben, Liebe.

Schlecht für Veränderungen, neue Initiativen, Erweiterungen Ihres Wirkungsbereiches.

Die besten Sternenpartner: Jungfrau, Skorpion, Steinbock

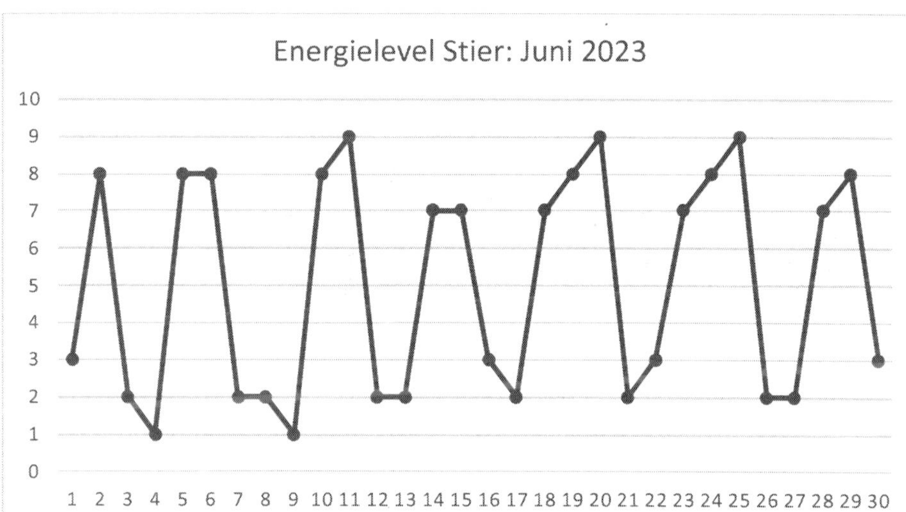

Juli

Erfolg Wie jetzt Mars am Himmel positioniert ist, nehmen sämtliche Hemmungen Reißaus. Was Ihre Karriere angeht, unterstützt Sie zusätzlich Jupiter. Er verbindet sich mit Uranus und sagt: Sie sollen Neues ausprobieren. Also wenn Sie ohnehin schon seit längerem mit dem Gedanken spielen, sich zu verändern, dann werden Sie jetzt aktiv!

Liebe Für die Liebe sieht es nicht so gut aus. Auch hier ist es Jupiter, der an Ihrer Seite steht. Ganz sicher wird er Sie unterstützen, glückliche Tage und vor allem Nächte zu erleben. Aber von irgendwelchen Liebesabenteuern, womöglich auch noch mit dem Menschen, der für Sie bestimmt ist, steht nichts in Ihrem Astrokalender.

Gut für Eine Beziehung beginnen.

Schlecht für An Problemen hängen bleiben.

Die besten Sternenpartner: Fische, Skorpion, Steinbock

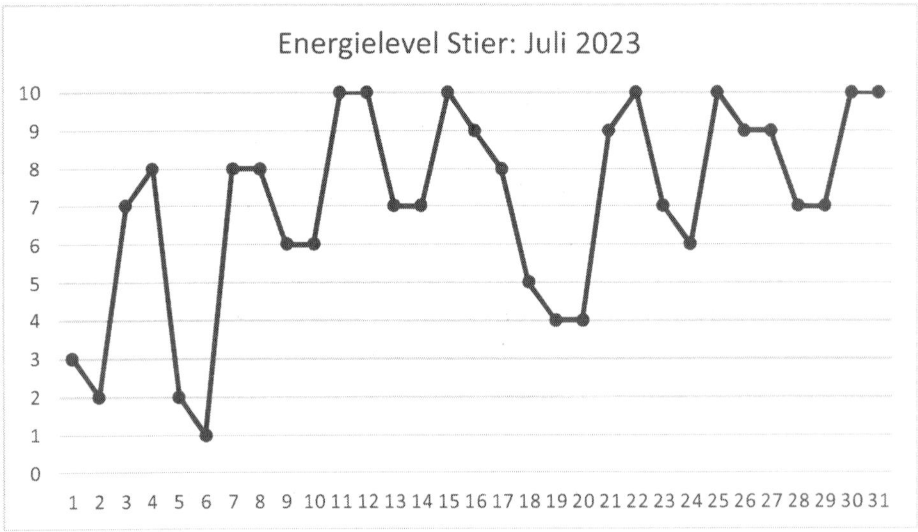

STIER: IHRE GANZ PERSÖNLICHEN STERNE IM

August

Erfolg Das ist der richtige Monat für eine berufliche Weiterentwicklung. Merkur ist jetzt ganz besonders gut auf Sie eingespielt. Das macht es Ihnen leicht, Kontakte zu knüpfen, die Ihnen beruflich weiterhelfen. Aber auch, wenn Sie seit längerem einen Vorstoß im Personalbüro planen, können Sie jetzt aktiv werden. Wichtig ist nur, dass Sie zur Kenntnis nehmen, dass ab 24. August Merkur rückwärtsläuft. Da geht auch sonst nichts vorwärts

Liebe Positiv wirken Jupiter, Merkur und Mars. Leider versagt Ihnen Venus ihren Beistand. D.h., dass Sie fit sind, beruflich erfolgreich sind, aber leider weitgehend ohne Liebe auskommen müssen. Am glücklichsten sind diejenigen unter Ihnen, die im August in die Ferien fahren.

Gut für Sich von seiner besten Seite zeigen.

Schlecht für Sich selbst zu wenig zutrauen.

Die besten Sterneparnter: Jungfrau, Fische, Steinbock, Stier

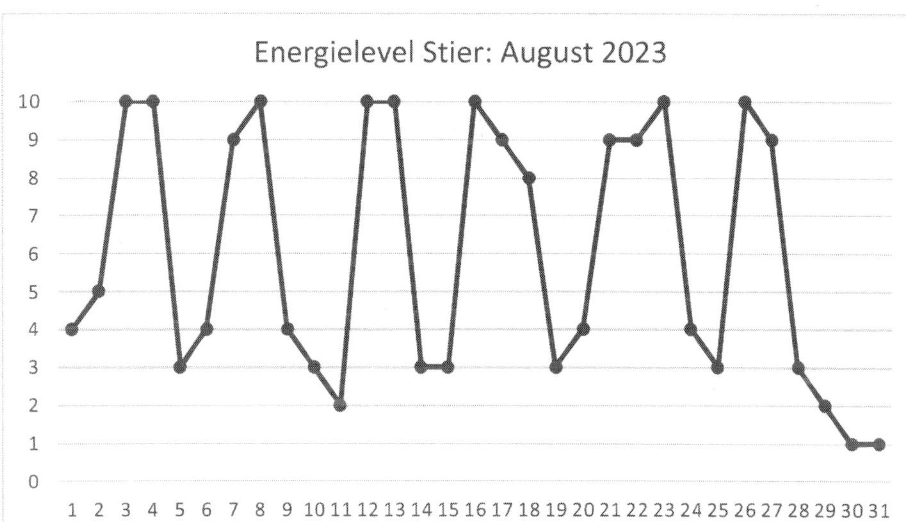

September

Erfolg Merkur läuft bis zum 15. rückwärts. Venus und Mars bremsen: Seien Sie daher genau und gewissenhaft. Legen Sie sich mit niemandem an. Treffen Sie keine wichtigen Entscheidungen und unterlassen Sie auch größere Anschaffungen. Richtig hingegen ist, wenn Sie sich Gedanken über Ihre Zukunft im kommenden Jahr machen. Vielleicht gibt es auch etwas, was Sie nachbessern müssen. Der einzige Lichtblick ist, dass ab dem 16. Merkur wieder vorwärtsläuft.

Liebe In der Liebe sorgt Jupiter dafür, dass Sie nicht unglücklich oder gar unzufrieden sind. Auch die Sonne steht auf Ihrer Seite. Das muss Ihnen reichen in diesem Monat.

Gut für Liebe erleben und genießen.

Schlecht für Sich selbst zurückhalten.

Die besten Sternenpartner: Jungfrau, Krebs, Skorpion, Steinbock, Fische

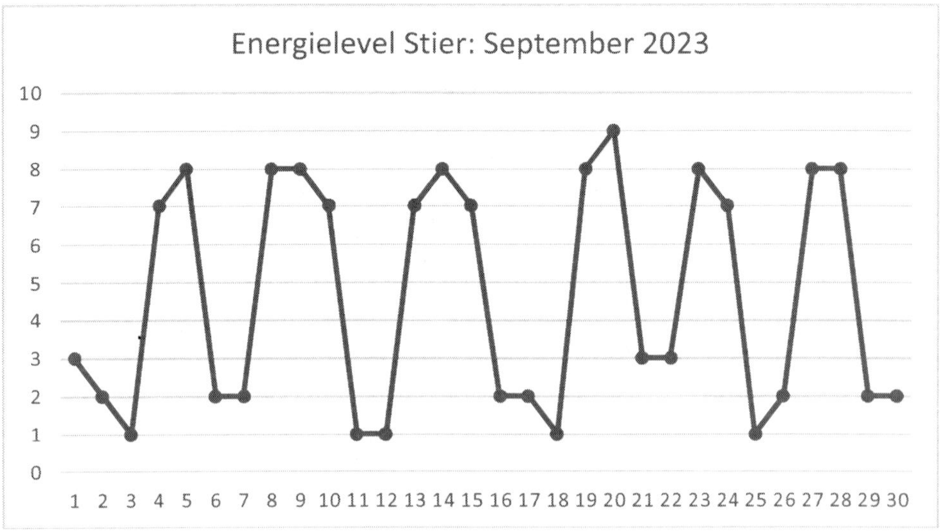

Oktober

Erfolg Was Ihre Karriere angeht, können Sie Ihren Geist fliegen lassen und tolle, neue Ideen ausprobieren. Warten Sie aber bis zum 7. des Monats. dann bezieht auch Merkur eine Superposition. Jetzt sind Sie wie ein Licht für jede Gemeinschaft. Das führt unter Umständen dazu, dass man Ihnen einen verantwortungsvolleren Job anbietet.

Liebe Jetzt beginnt für Sie eine besonders lustvolle Zeit. Das setzt allerdings auch voraus, dass Sie keine Scheu vor Lust und Leidenschaft haben. Venus und Mars befinden sich in einer Superposition. Richten Sie es so ein, dass Sie viel Zeit für die Liebe haben und verabreden Sie sich mit den nettesten Leuten, die Sie kennen.

Gut für Liebe, Lust und Leidenschaft.

Schlecht für Sich selbst zurückhalten und bremsen.

Die besten Sternenpartner: Jungfrau, Fische

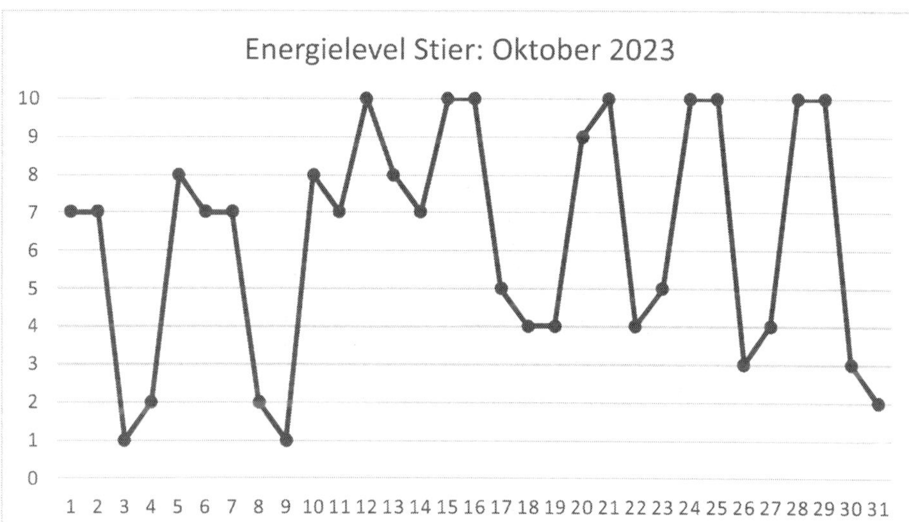

November

Erfolg Mars sorgt für starke Aussichten im Beruf und federt sämtliche Probleme ab: die Karriere rennt. Dass Jupiter jetzt Dauergast ist, wurde ja bereits gesagt. Er fördert Sie. Aber Sie können das noch verstärken, indem Sie sich mit ihm verbinden. Wie das geht? Sprechen Sie mit ihm und blicken Sie immer wieder einmal hinauf zum Himmel, bis Ihr Gefühl, dass Sie Freunde sind, immer stärker ist!

Liebe Bis zum 10. reicht der Liebesplanet Venus Ihnen die Hand. Da vergeht kein Tag ohne verliebte Augenblicke. Vielleicht begegnen Sie jetzt auch dem Menschen, der schon seit vielen Leben mit Ihnen verbunden ist. Falls Sie in einer Partnerschaft leben, nehmen Sie sich jetzt mehr Zeit dafür. Sind Sie aber gerade Single, dann orientieren Sie sich draußen in der Welt. Am 12. zieht Venus dann allerdings ein Zeichen weiter.

Gut für Venus im Skorpion verdoppelt Ihre erotische Ausstrahlung und Jupiter verbindet Sie mit den richtigen Leuten.

☹ ***Schlecht für*** Immer nur die Nachteile sehen und nicht die Vorteile.

★ ***Die besten Sternenpartner***: Stier, Jungfrau, Steinbock, Fische

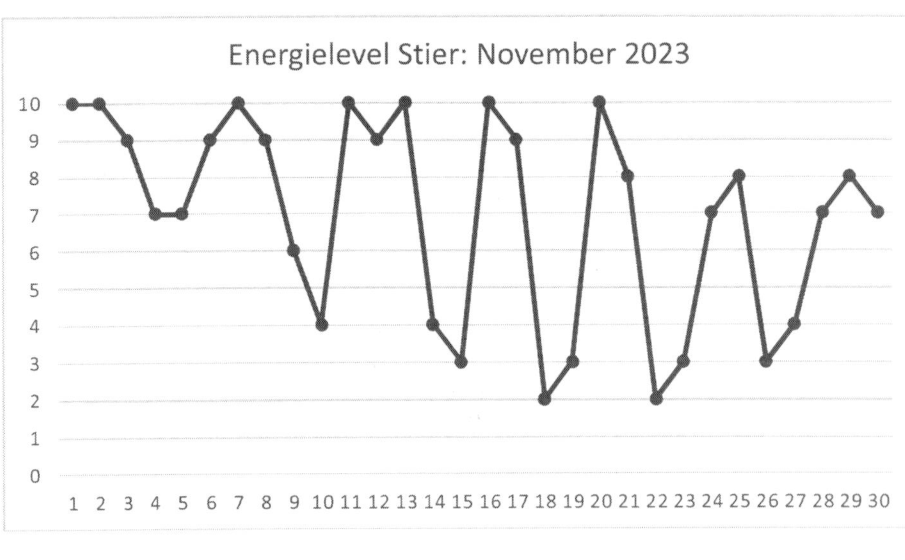

Dezember

Erfolg Nehmen Sie daher Jupiter als Ihren persönlichen Berater und Förderer, der das Beste aus Ihnen herausholen wird und für eine angenehme Weihnachtszeit sorgt.

Liebe Sie haben gleich mehrere Möglichkeiten, im Liebesparadies zu landen: Als Single mit einem neuen Liebespartner mit Langzeit-Qualität oder in einer Ehe-gut-alles-gut-Beziehung. Zu verdanken haben Sie dieses Glück Venus, die ab 5. Dezember Ihrem Sternzeichen genau gegenübersteht. Von ihr geht ein regelrechter Magnetismus aus. Sind Sie gerade Single, werden Sie dem Menschen begegnen, mit dem Sie in einer kosmischen Verbindung stehen.

Gut für Große Schritte nach vorne und nach oben machen.

Schlecht für Sich von schlechten Gefühlen einfangen lassen.

Die besten Sternenpartner: Krebs, Stier, Jungfrau, Skorpion

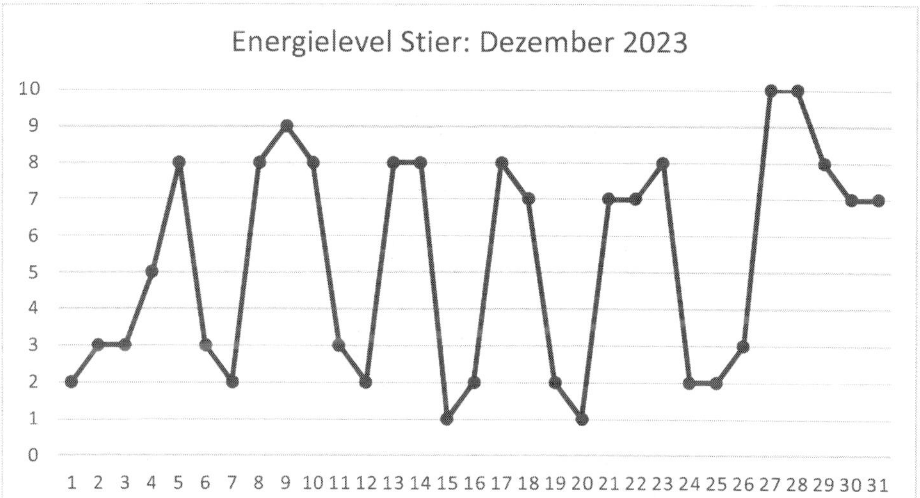

ZWILLINGE

(22. Mai bis 21. Juni)

2023 wird ein Jahr, in dem Sie endlich wieder einmal sagen: *„Bin ich froh, dass ich ein Zwilling bin...!"* Okay, Saturn steht im Quadrat zu Ihrem Tierkreiszeichen. Das sieht vielleicht auf den ersten Blick bedrohlich aus. Aber mit der Hilfe von Jupiter können Sie sich damit wunderbar arrangieren. Dieser Jupiter steht nämlich bis Mitte Mai auf Ihrer Seite. Seine positive Energie kann dann direkt und ohne Umwege zu Ihnen fließen. Sie werden immer wieder erleben, dass Sie Glück haben.

Liebe

Gleich in den ersten drei Monaten des neuen Jahres bekommen Sie einen Geschmack von dem Jahr, in dem Mars das Sagen hat. Er befindet sich nämlich bis zum 24. März in Ihrem Sternzeichen Zwillinge. Das weckt Liebe, bringt Zärtlichkeit, stillt Ihr Verlangen. In Ihrer Beziehung bricht jetzt schon der Frühling aus. Und Solisten können testen, wie die Liebe schmeckt. Wie es weitergeht mit der Liebe, entnehmen Sie meinen Prognosen zu den einzelnen Monaten weiter unten im Text. Wichtig ist allerdings noch folgendes: Planet Mars stärkt einen Zug, der Ihnen bekannt ist, nämlich Ihre herrlich direkte Art mit anderen Menschen. Niemand ist so frisch und unkompliziert wie Sie. Hingegen sind Sie weniger geschickt darin, Begegnungen zu halten. Sie neigen dazu, wenn nichts los ist, das Interesse zu verlieren. Mit Mars als Herrscher des Jahres 2023 wird dieser Zug noch stärker. Da müssen Sie aufpassen und sich vornehmen, es anders zu machen. Dazu gehört auch, dass Sie sich nicht nur immer in einem positiven Licht präsentieren. Sie können doch auch über die Seiten von sich sprechen, die nicht so brillant sind. Das macht Sie doch erst richtig liebenswert und interessant.

Karriere

Das Mars-Jahr hat auf Sie eine belebende Wirkung: Sie entwickeln Eigensinn, lassen sich weder bevormunden noch Entscheidungen aufzwingen. Daher ist das kommende Jahr auch der geeignete Zeitpunkt für die Eröffnung einer Praxis oder eines Ladens. Jedes neue Unterfangen muss allerdings auf einem soliden Fundament stehen, über dessen Verlässlichkeit Sie unbedingt fachmännischen Rat einholen sollten. Sie haben ein großes Jahr vor sich. Bis Mitte Mai unterstützt Sie Jupiter, und beinahe das ganze Jahr über befindet sich Saturn in Ihrem Haus für Öffentlichkeit. Da ist alles möglich, aber Sie dürfen keinen Spaziergang erwarten. Alles ist etwas schwerer, schwieriger und dauert etwas länger. Aber Sie haben eben auch starke Verbündete, die Sie dabei unterstützen, die Position einzunehmen, die Ihnen mit Ihren Talenten zusteht. Von Mars kommt das ganze Jahr über Mut und die Fähigkeit, was Sie sich vornehmen, auch zu schaffen.

Ihre Mars-Chance

Sie sind ein wunderbarer Mensch, aber Sie glauben nicht so recht an sich. Sie haben sich angewöhnt, an sich selbst zu zweifeln. Das hängt mit der Zeit zusammen, in der Sie auf die Welt gekommen sind, nämlich Ende Mai und in den ersten drei Juniwochen. Da erklimmt die Sonne am Himmel den höchsten Punkt des ganzen Jahres. Danach nehmen ihr Strahlen und ihre Wärme täglich ab. Von diesem Wissen, dass jedem Gipfel der Abstieg folgt, werden auch Sie beherrscht. Glauben Sie mir, das führt zu Ihrer nachdenklichen Seite, die Sie gerne für sich behalten oder möglichst ganz vergessen. Oft gehen Sie mit dieser „Taktik" wirklichen Herausforderungen aus dem Weg. Da kann Ihnen Mars helfen, und das sollten Sie sich vornehmen und sich in Gedanken mit dem Mars droben am Himmel verbinden. Dann holen Sie noch mehr aus dem für Sie ohnehin so tollen Jahr 2023 heraus.

CHARAKTER	Neugierig, lebhaft, vielseitig
PERSÖNLICHES AUFTRETEN	Gewandt, charmant, gewinnend
FÜHLEN	Dualistisch
STEIN	Karneol
TIER	Fuchs
PFLANZE	Efeu
BESTER TAG	Mittwoch

Januar

Erfolg Mit Mars in Ihrem Sternzeichen Zwillinge öffnen Sie jede Türe, und Sie schaffen jedes Hindernis. Sie dürfen natürlich auch nicht gleich übertreiben, sondern brauchen Ihr kluges Köpfchen, das Ihnen schon rechtzeitig meldet, was richtig ist, und wo Sie sich zu viel vornehmen, sich also übernehmen.

Liebe Mars und Venus verstärken sich gegenseitig und pushen Ihre Liebeschancen in den Himmel. Es regnet unsichtbare Liebeswellen, die Sie schöner, jünger, attraktiver und sinnlicher machen. Das bedeutet für Sie Genuss, Sinnlichkeit, Verführung, Erotik, Zweisamkeit. Vielleicht ist schon die Zeit reif für den „kosmischen" Liebhaber, den Mann, bzw die Frau, der/die sowohl Ihr enormes Freiheitsbedürfnis respektiert als auch Ihren Wunsch nach Tiefe und Bindung befriedigt.

Gut für neue Ideen und vielleicht sogar Schritte für Ihre Karriere.

Schlecht für Zu viel allein machen. Teamarbeit ist angesagt.

Die besten Sternenpartner Wassermann

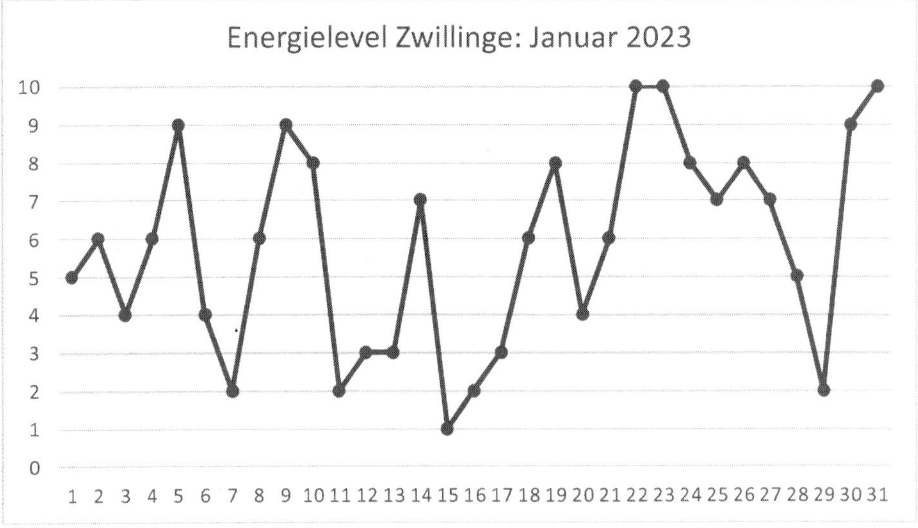

Februar

🏆 ***Erfolg*** Am 19. Februar bezieht Venus eine wunderbare Position. Sie denken jetzt nicht nur an Ihre Karriere, sondern auch ans Vergnügen. Und gut möglich, dass dazu auch ein tolles Liebeserlebnis gehört. Gehen Sie ruhig auch davon aus, dass sich neue berufliche Möglichkeiten auftun, die Sie aber bitte prüfen, bevor Sie irgendetwas entscheiden.

❤ ***Liebe*** Gleich am Anfang des Monats bestrahlen Sonne, Jupiter und Mars Ihr Sternzeichen. Heftige Gefühle halten Sie auf Trab und manchmal sogar von der Arbeit ab. Da ist es fast gut, dass sich der Liebesplanet Venus bis zu Monatsmitte zurückhält. Sie können also Ihre ganze Kraft Ihrer Karriere widmen.

👍 ***Gut für*** Positives Selbstwertgefühl.

☹ ***Schlecht für*** Blauäugigkeit zwischen 13. und 28.

★ ***Die besten Sternenpartner***: Wassermann, Widder, Waage

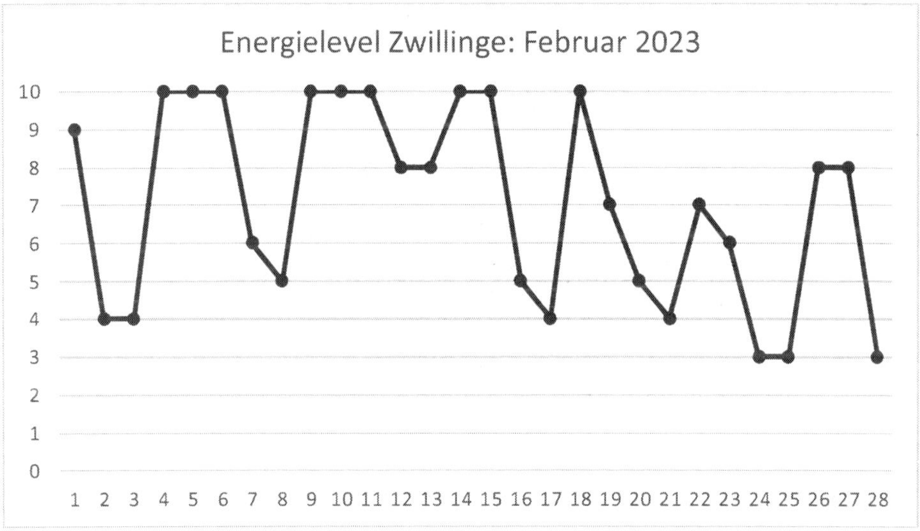

März

Erfolg Jetzt können Sie Ihre Ideen realisieren. Richtig, das ist ein Kraftakt! Aber Sie können sicher sein, dass Sie mit Hilfe von Mars jede Aufgabe stemmen. Für Sie ist jetzt kein Gipfel zu hoch, kein Problem zu kniffelig, keine Hürde zu schwierig.

Liebe Auch die Liebe meint es bis zur Monatsmitte gut. Es sieht sogar so aus, dass Sie sich verlieben. Ab dem 15. dürfen Sie nicht allem und jedem über den Weg trauen. Nicht einmal auf Ihre Freunde ist Verlass. Auch ein Missverständnis steht in den Sternen. Also seien Sie ruhig ein bisschen vorsichtig mit Ihren Gedanken und Äußerungen.

Gut für Sie entdecken ganz neue Seiten an Ihrem Partner.

Schlecht für Rund um den Vollmond und am 18. März vorsichtig sein und Streit vermeiden.

Die besten Sternenpartner: Waage, Widder, Zwillinge

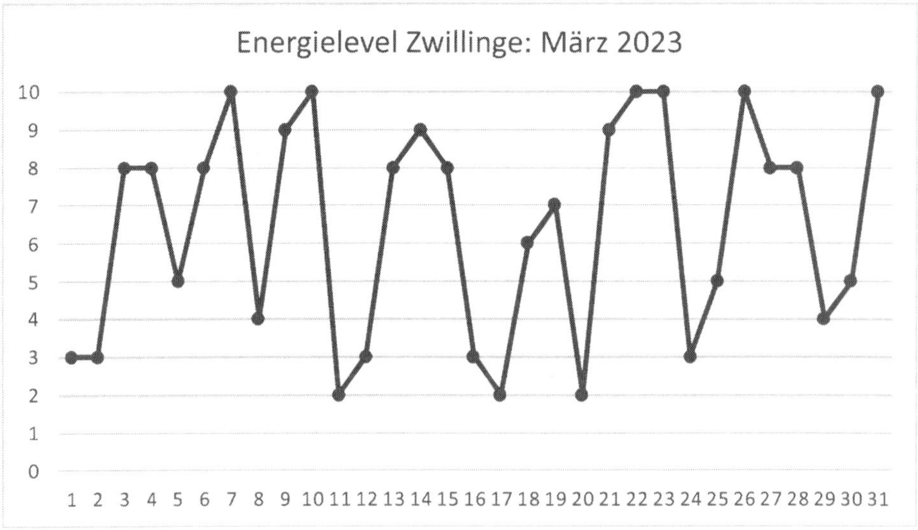

April

Erfolg Ihre Erfolgssterne sind mager. Zum Ende des Monats läuft Merkur auch noch rückwärts. Da ist einfach nicht viel zu holen.

Liebe Dass Ihr Partner eine Woche nach Ostern wie frisch verliebt turtelt, haben Sie Venus und Jupiter zu verdanken. Venus betritt am 11. April Ihr Sternzeichen und Jupiter steht supergünstig. Das ist ein absoluter Frischekick für Ihre Beziehung. Sie sind Single? Dann flirten Sie wahrscheinlich mit jemandem, den Sie schon ewig lange kennen. Aber auch das ist möglich, dass Sie sich in einen wildfremden Menschen verlieben.

Gut für Alle wichtigen Angelegenheiten auf die ersten zehn Tage legen.

Schlecht für Nachteile einholen.

Die besten Sternenpartner: Wassermann, Zwillinge

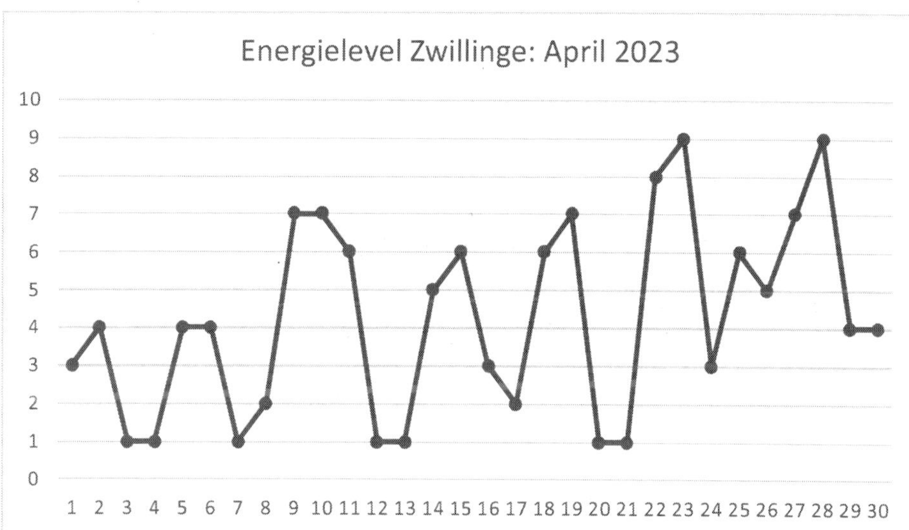

Mai

Erfolg Sie können nicht erwarten, dass das Glück ununterbrochen vom Himmel fällt. Zunächst steht Merkur sehr ungünstig. Aber das muss Sie weiter nicht kümmern. Nur erwarten Sie keine großartigen Erfolge. Allerdings sorgt Jupiter in der ersten Hälfte des Monats dafür, dass Ihnen wenigstens nichts daneben geht. Dann, in der letzten Maiwoche bekommen Sie von Mars eine Steilvorlage. Gut möglich, dass daraus ein Erfolg wird.

Liebe In der ersten Aprilwoche macht es sich der Liebesplanet Venus in Ihrem Sternzeichen bequem. So lange dauern dann auch Ihre wunderbaren Liebessterne, die im April begonnen haben. Dann nimmt die Intensität der Gefühle zwar etwas ab, aber Sie sind weiterhin glücklich. Ein Osterurlaub an einen ruhigen Platz wäre jetzt herrlich.

Gut für Generelle Beschleunigung.

Schlecht für Sie haben Schwierigkeiten, sich zu entspannen.

Die besten Sternenpartner: Wassermann, Zwillinge

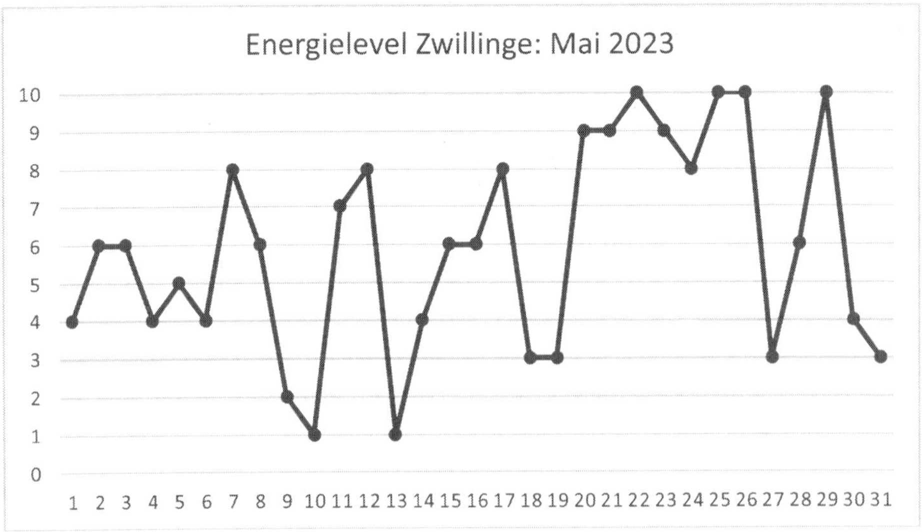

ZWILLINGE: IHRE GANZ PERSÖNLICHEN STERNE IM

Juni

Erfolg Was immer Ihnen am Herzen liegt, packen Sie es jetzt an. Scheuen Sie sich auch nicht, andere mit ins Boot zu holen. Man hilft Ihnen jetzt gerne. Außerdem sind es fantastische Sterne für Ihre Gesundheit. Sie können die positive Wirkung noch verstärken, wenn Sie wenig essen, dafür viel trinken, viel bewegen an der frischen Luft und früh schlafen gehen.

Liebe Ab dem 6. Juni beziehen Venus und Mars eine hervorragende Position und verhelfen Ihnen zu traumhaften Abenden und Nächten. Ganz verheißungsvoll sind Ihre Liebesaussichten rund um den Neumond. Für Singles raten die Sterne: Gehen Sie unter Menschen. Es funkt. Paare schauen sich wieder verliebt in die Augen und schwören sich ewige Treue.

Gut für Erfolge auf der ganzen Linie.

Schlecht für Zu unüberlegt starten.

Die besten Sternenpartner: Zwillinge, Waage, Widder

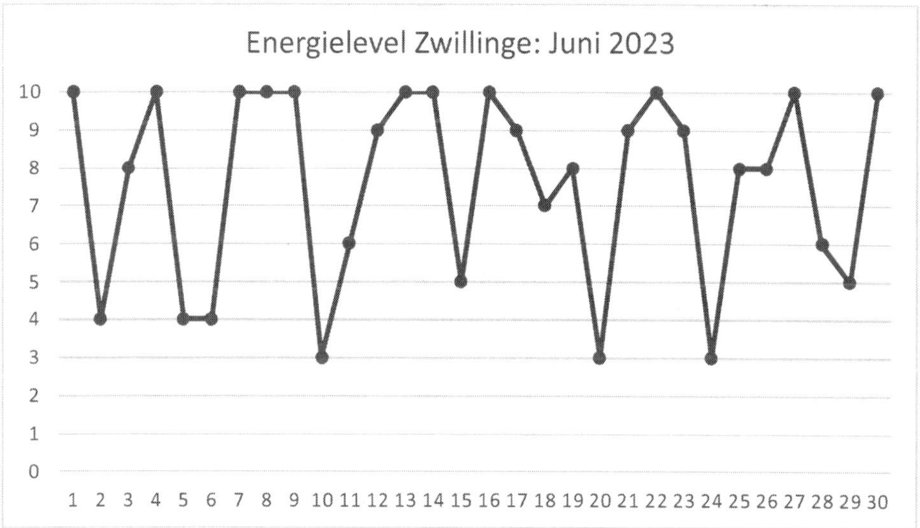

Juli

Erfolg Job-Planet Merkur bezieht Ab 11. Juli eine Position, die darauf schließen lässt, dass Sie erfolgreich sind. Sie sollten daher für wichtige Entscheidungen auf jeden Fall bis zur Monatsmitte warten. Auch größere Anschaffungen gelingen jetzt besser. Gegen Ende des Monats gelingt Ihnen ein Erfolg, auf den Sie stolz sind.

Liebe Liebesplaneten Venus bleibt jetzt in einer wunderbaren Position. Sie werden diesen Sommermonat lieben. Unter Umständen stellen Sie fest, dass Sie nicht nur einen, sondern gleich mehrere Fans haben: Natürlich macht Sie das glücklich. Allerdings ist Mars nicht so spendabel. Er bleibt nur in der ersten Woche an Ihrer Seite, macht Sie aber so attraktiv wie schon lange nicht mehr.

Gut für Begegnung mit Ihrem Seelenpartner.

☹ ***Schlecht für*** Neptun und damit spirituelle Wege nicht beachten.

★ ***Die besten Sternenpartner***: Widder, Waage, Schütze

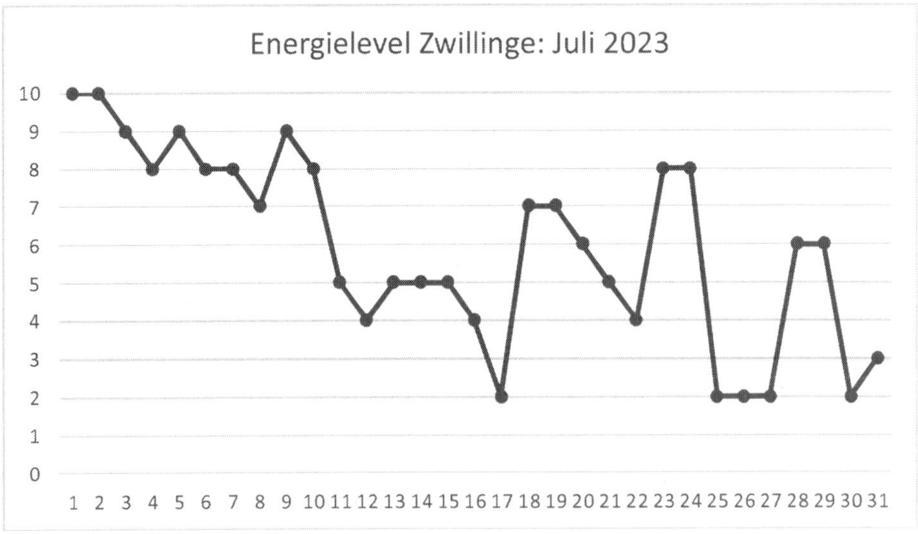

August

Erfolg Sie sind etwas faul, aber liegen damit genau im Trend der Sterne. Die empfehlen nämlich im August eine Schonzeit mit vielen Erholungsphasen. Wenn Sie sich dann noch mit dem abnehmenden Mond bis zum 16. des Monats verbinden, tun Sie etwas Gutes für Ihre Figur.

Liebe Venus bezieht zwar eine wunderbare Position, aber läuft im August rückwärts. Was das genau bedeutet, lässt sich schwer vorhersagen. Eine Möglichkeit ist, dass eine Liebe aus der Vergangenheit wieder hoch aktuell wird. Eine andere lautet, dass Sie sich in einen Menschen verlieben, zu dem bereits in einem früheren Leben eine Liebe bestand. Auf jeden Fall hat der Monat einiges zu bieten.

Gut für Entspannen, es sich gut gehen lassen.

Schlecht für Sich Sorgen machen.

Die besten Sternenpartner: Wassermann, Zwillinge

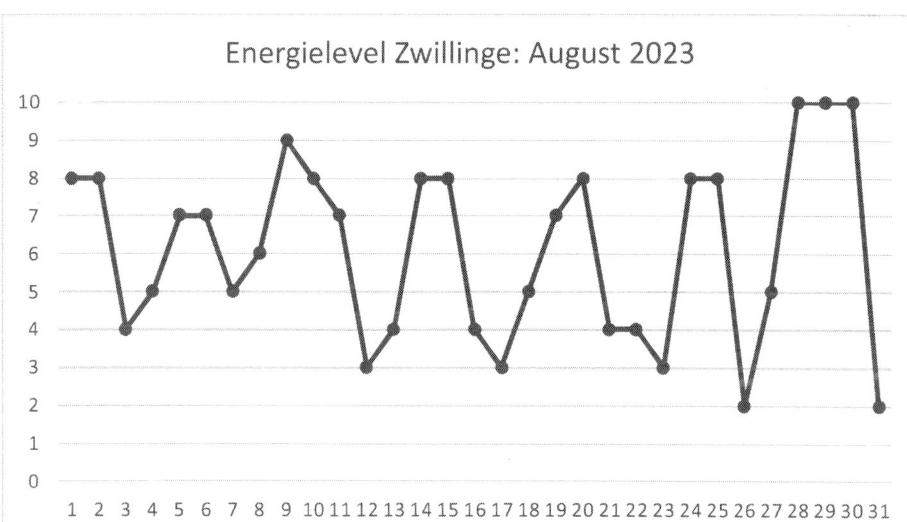

September

Erfolg Merkur und Venus laufen in der ersten Hälfte des Monats September rückwärts. Da müssen Sie aufpassen, dürfen eigentlich überhaupt kein Geld ausgeben, solange es nicht unmittelbar Ihrem Lebensunterhalt dient. Das ist deswegen so wichtig, weil andererseits Planet Mars Sie dazu animiert, möglichst viel auszugeben. Also entscheiden Sie sich richtig!

Liebe So, wie Mars und Venus am Himmel stehen, wird alles schöner - und an allererster Stelle die Liebe. Sind Sie Single, könnte jetzt das Wunder geschehen, dass Ihnen der Mensch begegnet, der für Sie bestimmt ist. In Partnerschaften ist es so schön, wie schon lange nicht mehr. Sie sind glücklich. Es fehlt an nichts.

Gut für Genauigkeit

Schlecht für Zögerliches Abwarten, sich nicht entscheiden können.

Die besten Sternenpartner: Waage, Wassermann, Löwe

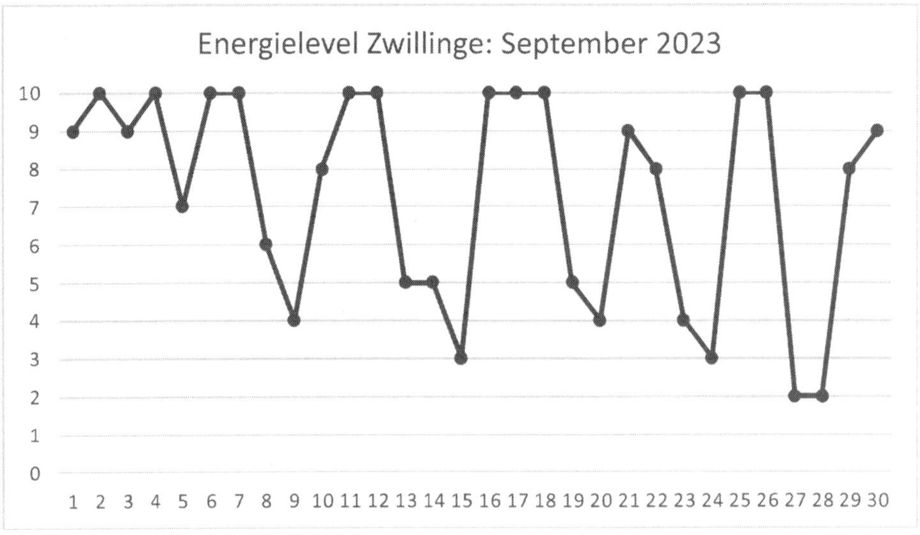

Oktober

Erfolg Mars steht günstig. Es sieht ganz so aus, dass er Ihnen beruflich weiterhilft und das Zusammentreffen mit solchen Menschen arrangiert, die Ihnen guttun. Sie werden selbst darüber staunen, wie leicht Ihnen jetzt alles von der Hand geht. Oft werden Sie zu sich sagen: „Was habe ich bloß für ein Glück...!" Ein Problem gibt es leider auch. Sie müssen sich manchmal mehr anstrengen als es Ihnen lieb ist. Aber es lohnt sich. Also lassen Sie nicht locker! Insbesondere bekommen Sie in Merkur einen ausgezeichneten Ratgeber. Mit anderen Worten, Sie wissen ganz genau was Sache ist.

Liebe Das gibt es auch, dass sich der Liebesstern Venus aus Ihrem Beziehungsleben raushält. Da haben Sie dann eben viel Zeit für sich selbst, können Abende lang vor dem Fernseher bleiben oder mit Ihren Freunden und Freundinnen – live oder per Facebook – tratschen.

Gut für Krönung In der Liebe.

Schlecht für Unglück nicht loslassen.

Die besten Sternenpartner: Wassermann, Widder, Waage

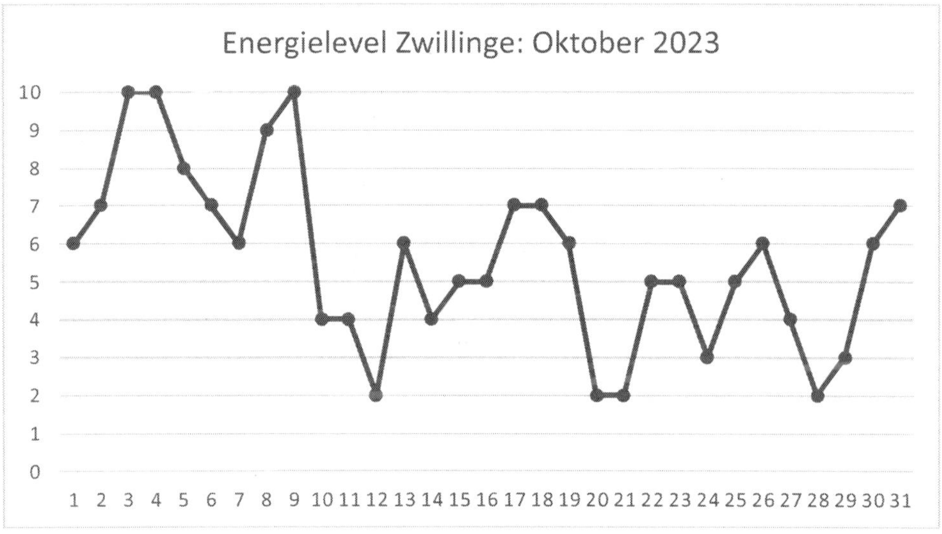

November

🏆 ***Erfolg*** Merkur hält sein schützendes Händchen über Ihre Finanzen. Was bedeutet: Es kommt Geld aufs Konto. Und ausgeben dürfen Sie`s auch, sogar für unvernünftige Dinge, die Ihnen aber Freude machen.

❤ ***Liebe*** Am 12. November bekommen Sie Besuch von Venus und Jupiter. Damit lässt sich viel anfangen, zum Beispiel auch, verliebte E-Mails an den Menschen zu schreiben, der Ihnen am Herzen liegt. Das kommt an. Sie und Ihr Partner finden jetzt einen Weg, mehr aufeinander einzugehen. Unklarheiten und Reibungen schaffen Sie aus der Welt, und dadurch finden Sie mehr Zeit füreinander. Viele denken jetzt ans Heiraten, und diejenigen, die in einem entsprechenden Alter sind, überlegen sich, eine Familie zu gründen. Sie können aber auch durch Kaufhäuser oder im Internet nach schönen Sachen Ausschau halten, die Sie dann in Ihre Wohnung geben. ***Gut für*** Mehr Sicherheit.

☹ ***Schlecht für*** Wenn Sie zu viel wollen, streikt Saturn.

★ ***Die besten Sternenpartner***: Waage, Löwe

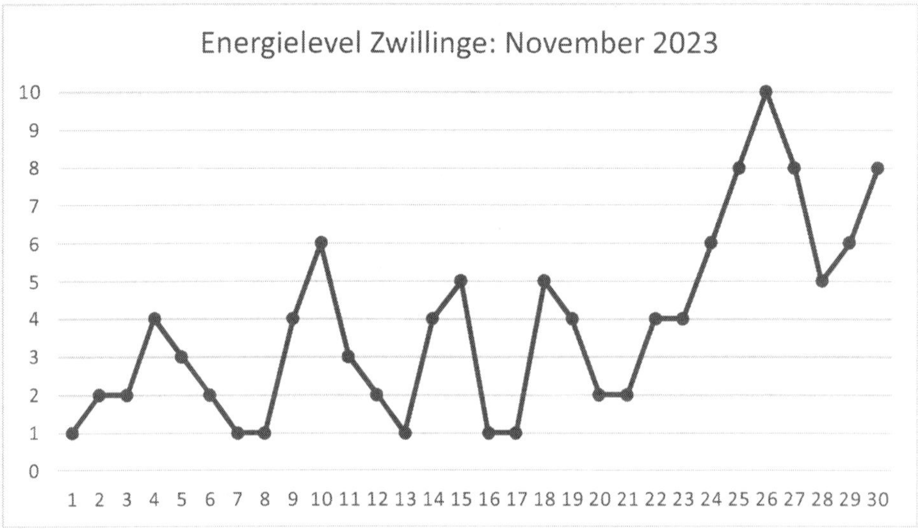

Dezember

Erfolg Merkur läuft Ab 14. des Monats bis Heiligabend rückwärts. Das schärft Ihre Intuition für wahre Freunde - und solche, die Sie nur ausnutzen. Gut möglich also, dass sich Ihr Freundeskreis ausdünnt. Außerdem müssen Sie sich im Dezember richtig anstrengen. Dazu kann auch gehören, sich Gedanken über das nächste Jahr zu machen. Stellen Sie ruhig einen Plan auf, was Sie alles vorhaben.

Liebe In der Liebe ist es nicht viel besser: in Partnerschaften sind Grundsatzdiskussionen angesagt, und für die Singles gibt es viel zum Nachdenken, weil es nicht so läuft, wie Sie sich dies vorstellen. Feiern Sie trotzdem Weihnachten und gönnen Sie sich ich viel Freude. Das steht Ihnen zu.

Gut für Ein gutes Gefühl zum Jahresende.

Schlecht für nicht zufrieden sein.

Die besten Sternenpartner: Zwillinge, Waage, Schütze

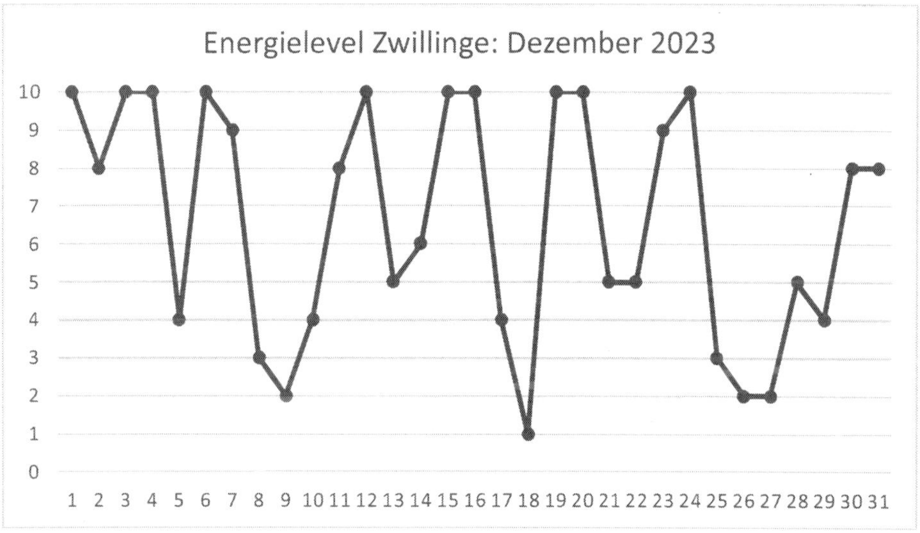

KREBS

(22. Juni bis 22. Juli)

2023 ist ein Mars-Jahr. Es bedeutet, dass seine Energie besonders stark ist und die der anderen Planeten übertrifft. Es ist reine Feuerenergie und bedeutet Kraft, Bewegung, Veränderung, Dynamik. 2023 triumphiert das Ego. Wer seinen eigenen Vorteil im Auge hat, unter Umständen auch andere an die Wand drückt, setzt sich durch. Sie, ein Krebs, sind aus einem anderem „Holz". Sie sind sozial, kollegial, mitfühlend und rücksichtsvoll. Sind Sie jetzt damit benachteiligt? Nein, im Gegenteil! Gerade weil alle Welt auf Teufel komm raus konkurriert, kommt Ihre Stärke, nämlich warten zu können, zuverlässig zu sein, ganz groß heraus. Man wird Ihnen Aufgaben anvertrauen, die Geschick und Geduld brauchen. Man wird Sie als einen zuverlässigen, treuen Geschäfts- und Arbeitspartner schätzen. Und wenn es um Liebe geht, fühlt man sich bei Ihnen am wohlsten. Denn niemand sonst besitzt so viel Wärme, Geborgenheit und Verführungskünste.

Dass Mars im kommenden Jahr Feuer weckt, kommt aber auch Ihnen zugute. Das kennen Sie doch gut, dass Sie sich etwas vornehmen und dann auf halbem Weg stehen bleiben und umkehren: Sie haben keine Lust mehr, sind müde oder was immer. Da kommt das Feuer des Planeten Mars genau richtig. Es ist, als würden Sie frische Kraft bekommen. Dass er Ihnen auch mehr Mut macht, ist ein weiteres Geschenk, das Sie gerne annehmen. Aber – wie bereits gesagt – jetzt blindlings loszulegen, nur damit etwas passiert, das ist bestimmt nicht Ihre Tour.

Es existiert noch ein weiterer wichtiger Stern: Jupiter. Von Mitte Mai bis Ende des Jahres bringt er Sie mit Menschen zusammen, die Ihnen gefallen und Sie dabei unterstützen, mehr aus Ihrem Leben zu machen. 2023 können Sie Einfälle, die Sie vielleicht schon lange mit sich herumtragen, und auch solche, die Ihnen jetzt kommen, verwirklichen. Die Zeit ist reif.

Liebe

Pluto befindet sich im Zeichen Steinbock und damit in Ihrem Partnerfeld. Das war auch schon die letzten Jahre immer so. Aber 2023 erhalten Sie Unterstützung von Neptun, Saturn und Jupiter. Für die Liebe kann das gar nicht besser sein. Der Himmel schickt Ihnen Leute, die haben, was ein Krebs sucht: Herz, Treue, Verbindlichkeit. Da ist es gang und gäbe, dass es immer weniger Solisten mit Sternzeichen Krebs geben wird. Wer will da noch allein herumlaufen, wenn es so nette und freundliche Mitmenschen gibt? Auch Partnerschaften werden mit neuer Innigkeit und Leidenschaft aufwarten. Die Sterne wecken Liebe, wo sie eingeschlafen ist und setzen dem gemeinsamen Alltag Glanzlichter auf. Noch etwas ist wichtig: Planet Pluto stellt Ansprüche, und er sieht in die Zukunft. Wenn er feststellt, dass sich zwei Menschen in einer Partnerschaft immer weiter voneinander entfernen und nichts unternehmen, das zu ändern, dann zieht Pluto 2023 den Schlussstrich. Aus!

Karriere

Pluto steht also Ihrem Sternzeichen Krebs genau gegenüber und wird von Jupiter Saturn und Neptun unterstützt. Das ist, als würden Sie plötzlich all die Kräfte bekommen, die Ihre Ahnen und Urahnen im Laufe all ihrer Leben angesammelt haben. Das wird Sie kolossal bereichern. Alles, was Sie tun müssen ist, offen zu sein, sich immer wieder vorzustellen, wie Ihre Ahnen auf Sie einwirken, Ihnen ihre Lebenserfahrungen übermitteln. Insbesondere nachts sollten Sie sehr aufnahmebereit sein für den Reichtum aus der Vergangenheit. Dabei brauchen Sie überhaupt keine Angst zu haben: Es wird Sie nichts Unangenehmes berühren. Das passiert nicht. Die Geister der Ahnen sind nicht daran interessiert, etwas Schlechtes oder gar Böses weiterzugeben. Bei manchen „kommt" die Vergangenheit auch in Form von Erbschaften und unerwarteten Nachzahlungen.

Ihre Mars-Chance

Dass der Herrscher des Jahres, Mars, dafür sorgt, sein Ego zu verwirklichen, wurde schon gesagt. Bei Ihnen verpassen Neptun und Saturn im Zeichen Fische Mars eine andere Richtung, wecken den Wunsch, sich mehr mit sich selbst zu beschäftigen, sich besser kennenzulernen. Sie werden sich auf Spurensuche begeben: Woher komme ich? Wer sind meine Ahnen? Welchem „Baum" entstamme ich? Derartige Fragen suchen nach Antworten, und in dem Maße, wie Sie sie finden, fühlen Sie sich gut, geborgen, zufrieden, glücklich.

CHARAKTER	Aufnahmefähig, still, freundlich
PERSÖNLICHES AUFTRETEN	Zurückhaltend, fürsorglich
FÜHLEN	Mitfühlend, innig
STEIN	Perle
TIER	Hase
PFLANZE	Seerose
BESTER TAG	Montag

KREBS: IHRE GANZ PERSÖNLICHEN STERNE IM

Januar

🏆 ***Erfolg*** Mars und Venus lassen Sie in Stich. Merkur wiederum steht zwar Ihrem Sternzeichen gegenüber, aber läuft ab dem 19. rückwärts. Das schwächt den ganzen Monat. Also am besten Sie nehmen sich nichts vor, was Kraft und Aufmerksamkeit benötigt

❤ ***Liebe*** Lächeln Sie sich an, wenn Sie in einem Spiegel schauen. Das hilft. Ihr Selbstwertgefühl braucht nämlich Zuspruch. Von den Sternen jedenfalls dürfen Sie nichts erwarten. Der Vorteil lautet, dass Sie auch nichts Schlimmes zu befürchten brauchen. Also leben Sie von Tag zu Tag und lieben Sie sich einmal einfach selbst.

👍 ***Gut für*** Schutz vor Gefahren und Problemen.

☹ ***Schlecht für*** Keine größeren Unternehmungen in der ersten Hälfte des Monats.

★ ***Die besten Sternenpartner***: Fische, Krebs, Skorpion, Steinbock

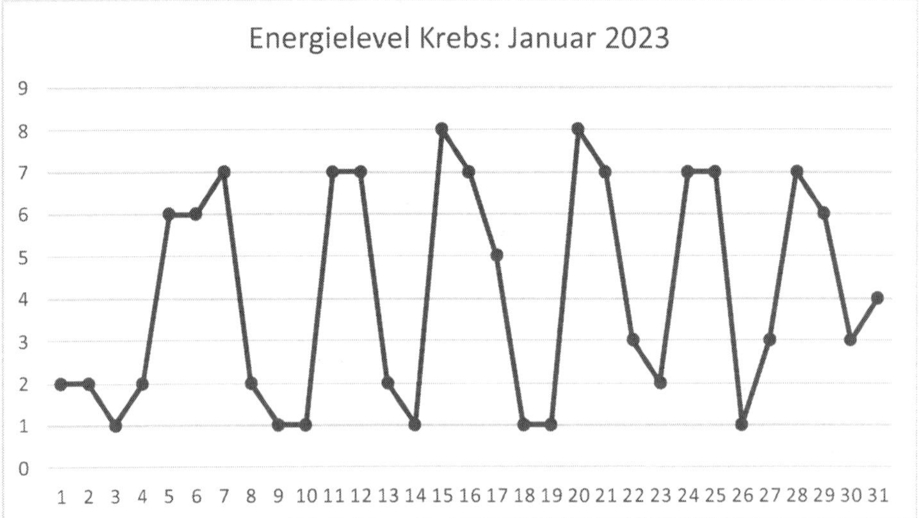

Februar

🏆 ***Erfolg*** Bis zum 10. des Monats bezieht Merkur eine günstige Position zu Ihrem Sternzeichen. Alles Wichtige sollten Sie daher in dieser Zeit in die Wege leiten. Danach bezieht dieser Merkur eine ungünstige Position Auch Mars und Jupiter stehen eher hinderlich.

❤ ***Liebe*** Besser sind Ihre Aussichten in der Liebe. Venus hat eine wunderbare Position zu Ihrem Sternzeichen bezogen. Diejenigen unter Ihnen, die noch Single sind, haben tolle Chancen auf einen verheißungsvollen Flirt. Und in Partnerschaften rückt man so eng zusammen, wie schon lange nicht mehr: Herrlich! Der Mond sagt: Alles, was Ihnen lieb und teuer ist, sollen Sie jetzt genießen: vom genussreichen Essen und Trinken bis zu lustvollen Liebesfreuden.

👍 ***Gut für*** viel Liebe.

☹ ***Schlecht für*** Keine Veränderungen zulassen.

★ ***Die besten Sternenpartner***: Fische, Krebs, Jungfrau

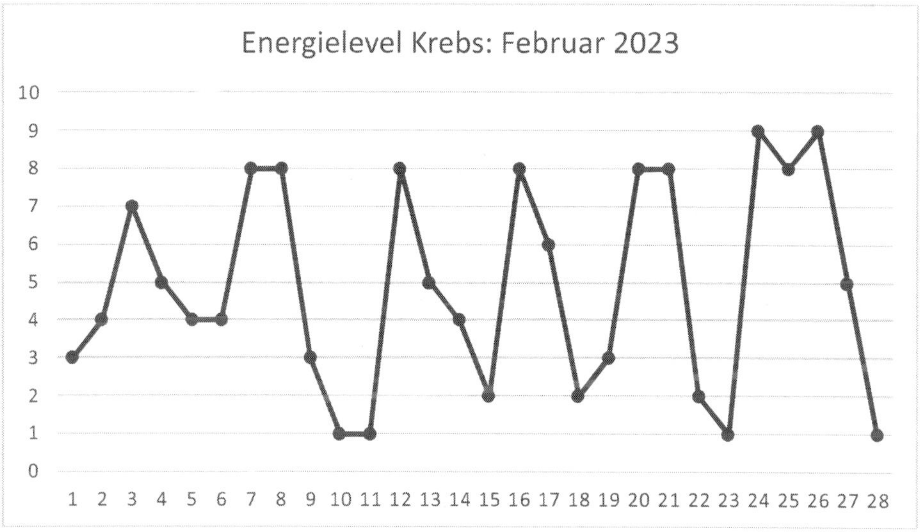

März

Erfolg Couch und Bett sind sehr verlockend. Aber nicht, weil dort ein nettes Wesen auf Sie wartet, sondern weil Sie null Bock haben, groß etwas zu unternehmen. Für Ihre Arbeit ist Schongang angesagt, und irgendwelche glamourösen Abenteuer streichen Sie am besten ganz aus Ihrem Programm. Erst in der letzten Märzwoche geht es aufwärts: mehr Erfolge im Job. Ein Tipp: Rund um den Neumond am 20. des Monats vernebelt Planet Neptun Ihr Gehirn. Fazit: Sie brauchen für alles etwas länger als sonst.

Liebe Eine Sache, die Ihnen sehr am Herzen liegt, macht jetzt Fortschritte. Aber Sie müssen weiterhin in Ihrem Innersten fest daran glauben und sich mit dem Mond verbinden. Auf die Liebe müssen Sie im März bis zum 18. warten. Da wird nachgeholt, was Sie zum Anfang des Monats versäumt haben.

Gut für Beförderung.

Schlecht für Juristische Auseinandersetzungen.

Die besten Sternenpartner Steinbock, Fische, Stier

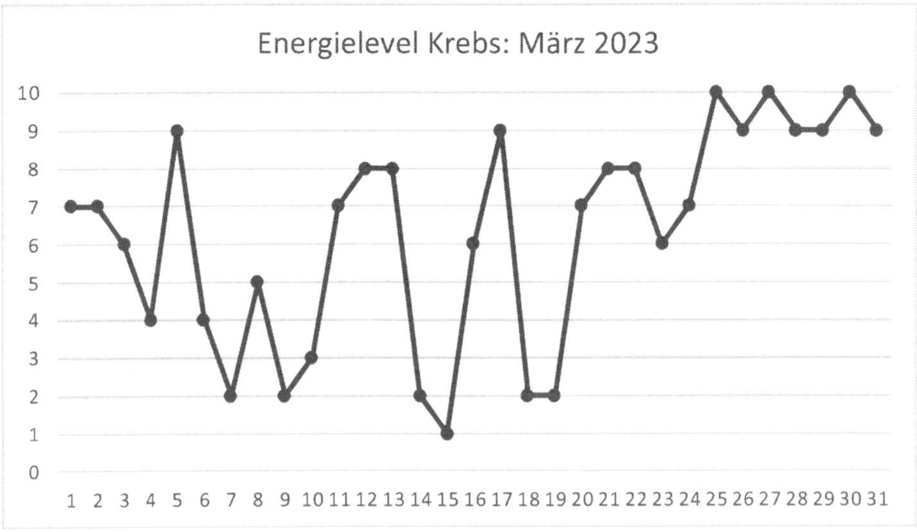

April

Erfolg Im April bekommen Sie Besuch von Mars, dem Herrscher Planeten des Jahres 2023. Damit können Sie viel erreichen. Er verleiht Ihnen mehr Selbstbewusstsein, mehr Mut und mehr Unternehmungsgeist. Denken Sie ruhig nach, was Sie sich für dieses Jahr vorgenommen haben, und werden Sie jetzt aktiv. Trotzdem sollen Sie nicht einfach losbrettern, sondern überlegt agieren. Der Mond will, dass Sie Ihren Kopf einsetzen und nicht Ihre Beine, Hände und Ellenbogen.

Liebe Bis zum 10. des Monats ist auch die Liebe sehr verlockend. So ein Spaß! So eine Freude! Sie sind richtig ausgelassen. Ihr Glück wollen Sie auch gerne zeigen und mit anderen teilen. Trommeln Sie Ihre Clique zusammen und machen Sie gemeinsam einen drauf! Ab dem 10. wird eher gestritten als geliebt.

Gut für Sie begegnen Ihrem Seelenpartner.

Schlecht für Zögerlich sein, eine Entscheidung endlos lange hinausschieben.

Die besten Sternenpartner Fische, Skorpion, Krebs

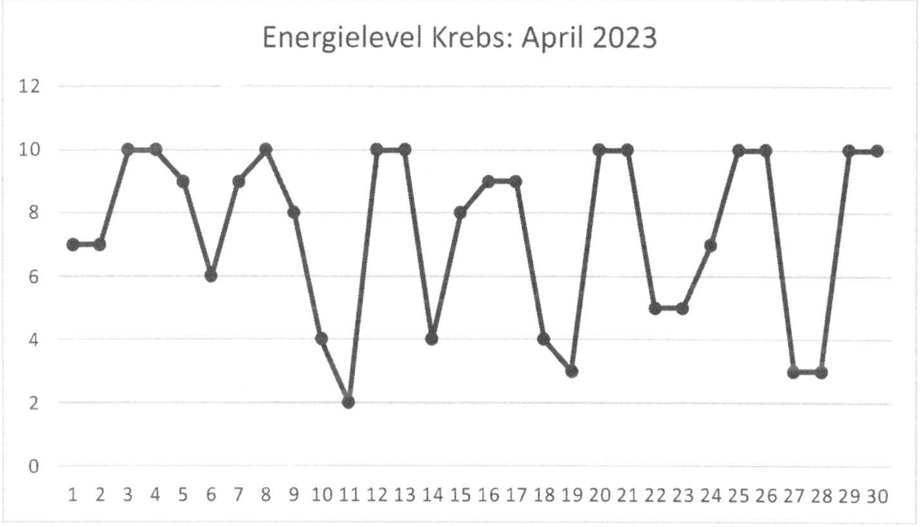

Mai

🏆 ***Erfolg*** Ihre beste Zeit für Ihre Karriere läuft bis zum 20. des Monats. Danach legt Merkur den Rückwärtsgang ein. Da dürfen Sie sich nicht wundern, wenn Sie nicht vorwärtskommen und vieles stagniert. Was sie brauchen sind Geduld und Ausdauer.

❤ ***Liebe*** Nehmen Sie sich alle Zeit der Welt für Ihren Partner! Venus und Mars haken sich unter und schieben Sie regelrecht zum Glück. Das kann nicht schief gehen – und wenn, gibt es gleich um die Ecke jemanden anderes, der genauso liebenswert ist. Also zögern Sie keine Sekunde länger.

👍 ***Gut für*** Neues ausprobieren.

☹ ***Schlecht für*** Auf bessere Zeiten warten.

★ ***Die besten Sternenpartner***: Skorpion, Steinbock, Stier

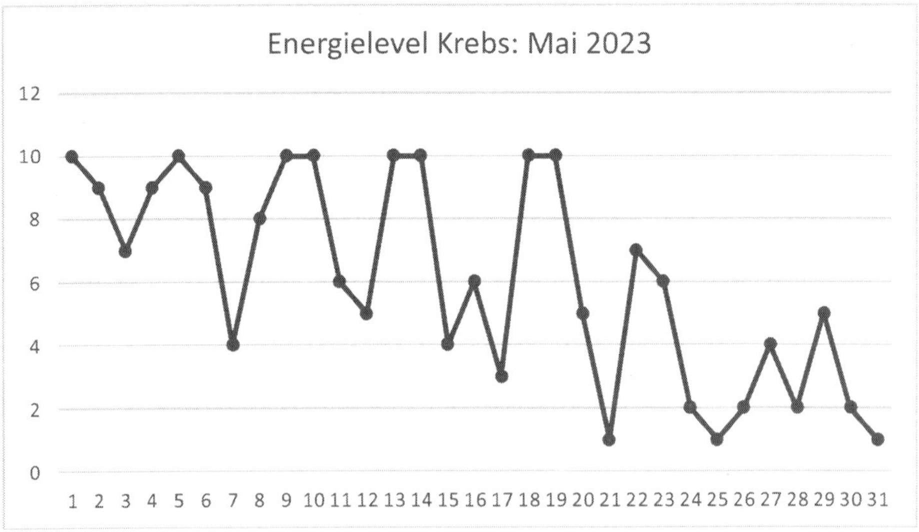

Juni

Erfolg Beneidenswert, wie locker Sie das Leben nehmen! Doch zu viel Leichtigkeit lässt Sie den Boden unter den Füßen verlieren – und eine unsanfte Bauchlandung hinlegen. Passen Sie besonders in der zweiten Monatshälfte auf! Noch etwas: Nicht „Nein!" sagen, wenn man Sie um einen Gefallen bittet: Ihre Hilfsbereitschaft wird auch ich schon bald doppelt und dreifach abgegolten.

Liebe Kann sein, dass Sie im Juni neidisch werden: Ihr Schwarm flirtet mit anderen, und Freunde erzählen von ihren tollen Affären. Die beste Ablenkung: Yoga, Sport und viel Kontakt mit Ihren Facebook- Freunden. Dabei ordnen Sie Ihre Gedanken, und plötzlich merken Sie, dass es überhaupt keinen Grund für Kummer gibt.

Gut für Das eigene Karma vollenden.

Schlecht für Selbstzweifel.

Die besten Sternenpartner: Skorpion, Steinbock, Jungfrau

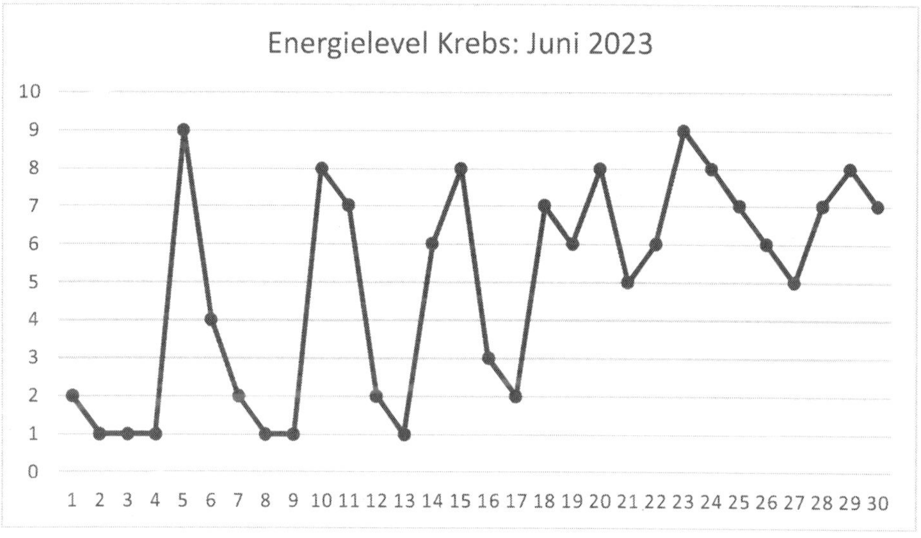

Juli

Erfolg Sie sind Lieblingskind von Mars und Jupiter. Damit lachen Sie sich den Juli schön. Rund um den Neumond am 17. des Monats sind diese Planeten besonders spendabel: Mehr Geld in der Tasche? Ein tolles Jobangebot? Lassen Sie sich überraschen!

Liebe Liebesplanet Venus lässt Sie in Ruhe. Aber von Jupiter kommt der Tipp, dass Sie jetzt Ihre Beziehung festigen können. Möglicherweise ist damit auch ein Test verbunden. Ihr Partner hat Sehnsucht nach Ihnen. Ihre Familie braucht Sie. Und Sie selbst haben das Bedürfnis nach mehr Ruhe und Rückzugsmöglichkeiten. Das sieht ganz nach einer gemütlichen Zeit aus.

Gut für Ein Monat, in dem es aufwärts geht.

Schlecht für Selbstzweifel.

Die besten Sternenpartner: Steinbock, Jungfrau, Krebs

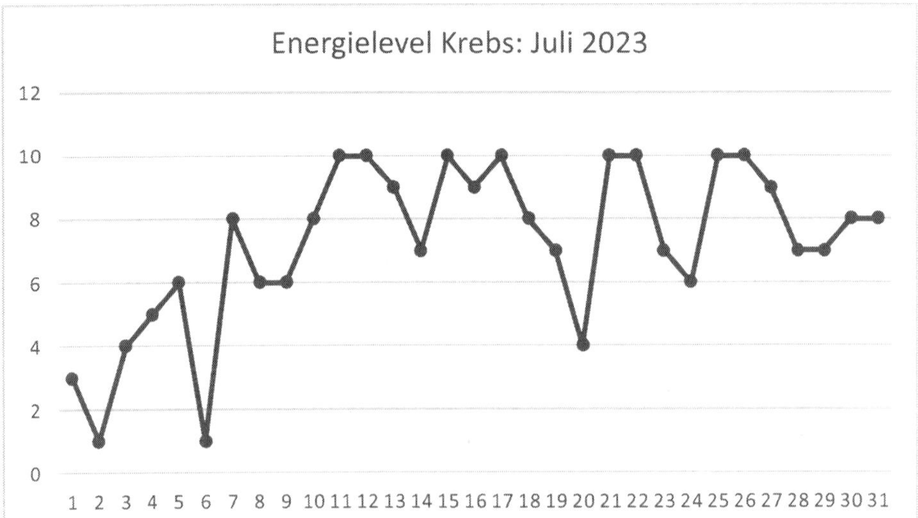

August

Erfolg Planet Mars schließt sich mit Ihrem Sternzeichen kurz und stichelt: „Lass dir nicht alles gefallen, setz dich zur Wehr, du bist besser als die anderen...!" Da ist jetzt sicher die eine oder andere Auseinandersetzung fällig, vielleicht fließen sogar Tränen. Aber andererseits, Sie verschaffen sich mehr Respekt. In jedem Fall ist dieser Mars eine sensationelle Aufbauspritze für Ihr Selbstwertgefühl.

Liebe Bringen Sie Ihre Vernunft zum Schweigen - und überlassen sich ihren Gefühlen. Das sorgt zwar für etwas Chaos und Unsicherheit, aber auch für leidenschaftliche Emotionen und traumhaften Sex. Ihr Sex-Life profitiert massiv von den Sternen. Die munkeln sogar davon, dass Sie jetzt Ihrem Seelenpartner begegnen, selbst wenn zunächst keine großen Gefühle damit verbunden sind.

Gut für Die große Liebe.

Schlecht für nicht an sich glauben.

Die besten Sternenpartner:Skorpion, Fische, Krebs

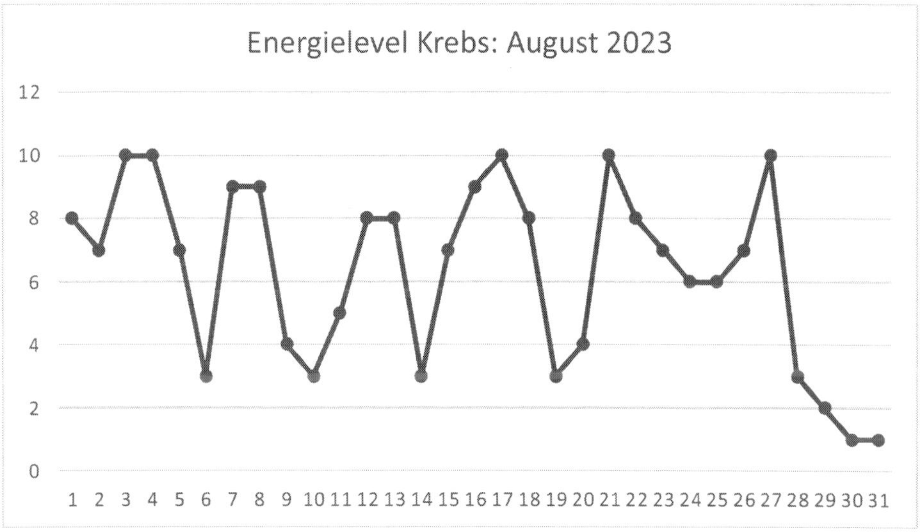

KREBS: IHRE GANZ PERSÖNLICHEN STERNE IM

September

🏆 ***Erfolg*** Powerplanet Mars regiert das Jahr, daher ist seine Position besonders wichtig. Im September hält er sich im Tierkreiszeichen Waage auf. D.h. für Sie, dass Sie keine Partei ergreifen sollen. Sachlichkeit und Neutralität sind angesagt.

❤ ***Liebe*** Spannungen und Auseinandersetzungen sind an der Tagesordnung. Da Sie ein Harmoniebolzen sind, bereitet Ihnen das Magenschmerzen. Schlucken Sie halt nicht alles! Man wird Sie trotzdem lieben. Das gilt auch für Ihre Beziehungen, ganz besonders natürlich für Ihre Partnerschaft. Lassen Sie sich auf keinen Fall dazu hinreißen, einseitige Positionen einzunehmen. Im September geht es um Ausgleich und Harmonie.

👍 ***Gut für*** Selbstvertrauen.

☹ ***Schlecht für*** Laden Sie sich nicht mehr Stress auf, als nötig ist.

★ ***Die besten Sternenpartner***: Fische, Jungfrau, Krebs

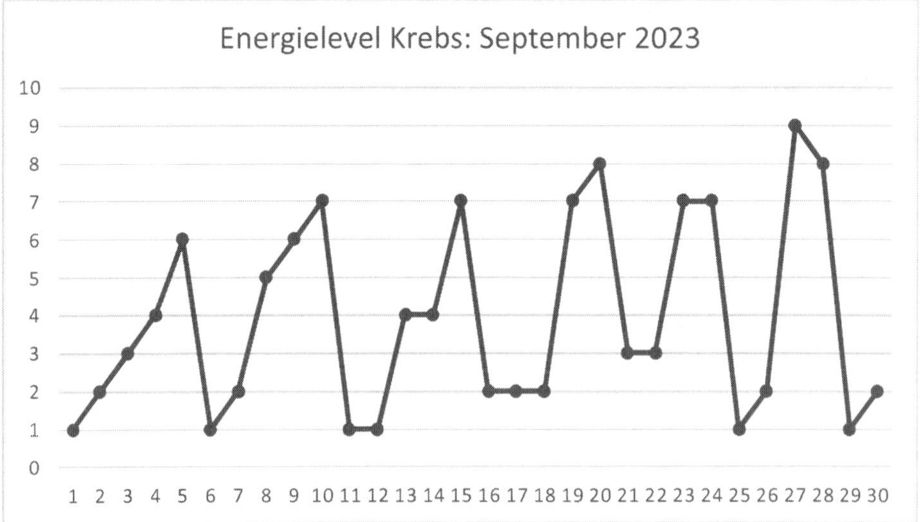

KREBS: IHRE GANZ PERSÖNLICHEN STERNE IM

Oktober

Erfolg Ab dem 12. des Monats signalisiert Mars: Schluss mit dem Grübeln – einfach machen! Sie können sich gleich jetzt neuen Herausforderung stellen. Das gilt in erster Linie für Ihr Selbstwertgefühl: Die Zeit ist reif für neue Impulse. Besiegen Sie Ihre Laune, sich selbst klein zu reden!

Liebe Im Oktober steigt die Trefferquote, sich Hals über Kopf zu verlieben. Zwischen Paaren prickelt es wieder wie am Anfang. Die Nächte verbringen Sie nicht allein. So schön kann die Liebe sein. Außerdem existiert doch schon lange eine Person, die Sie gerne näher kennenlernen möchten: Mit Ihren Sternen kriegen Sie, wen Sie wollen.

Gut für Zweifel überwinden.

Schlecht für Saturn kühlt Liebe, Lust und Leidenschaft.

Die besten Sternenpartner: Jungfrau, Steinbock, Stier

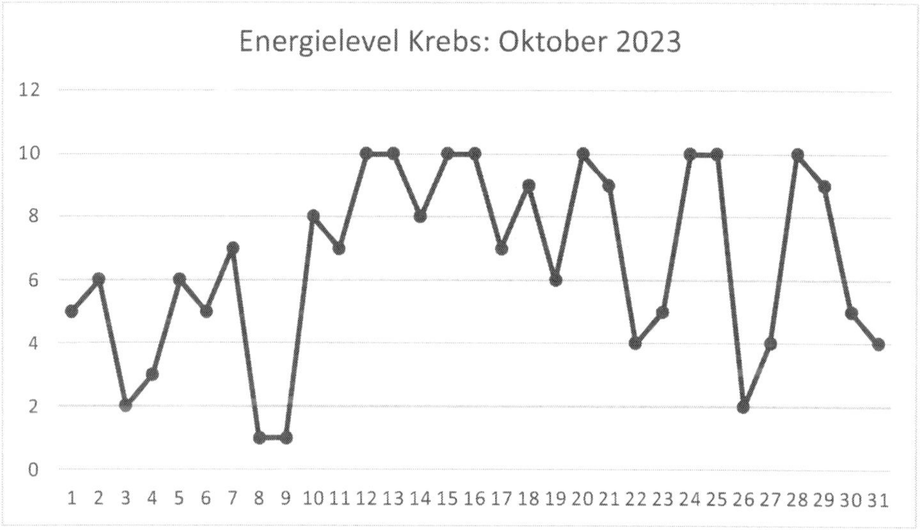

November

Erfolg An mehr als der ersten Hälfte des Monats werden Sie morgens mit einem Gefühl des Glücks aufwachen. Abends sinken Sie ins Bett und sagen innerlich zu sich: „Gut gemacht!" Diese Zeit ist ohne Übertreibung eine Ihrer Höhepunkte. Jetzt finden Sie endlich die Anerkennung in Ihrem Beruf, auf die Sie schon lange warten. Viele unter Ihnen fahren Erfolge ein. Zu verdanken haben Sie dies Jupiter, der im umarmenden Trigon zu Ihrem Sternzeichen steht.

Liebe Mars steht im Sternzeichen Skorpion und würzt Ihre Beziehung mit jener Schärfe, die Sie vielleicht schon lange nicht mehr empfunden haben. Singles können jemanden kennenlernen, mit dem sie viele Gemeinsamkeiten entdecken. Vor allem, solange der Liebesplanet Venus in einer Superposition verweilt. Das ist bis zum 9. des Monats der Fall. Die Sterne behaupten sogar, jetzt ist auch das Wesen in Ihrer Nähe, dass für Sie bestimmt ist.

Gut für Nach dem Glücksprinzip leben.

Schlecht für Alles übermäßige – insbesondere Alkohol – schadet.

Die besten Sternenpartner: Skorpion, Fische, Krebs

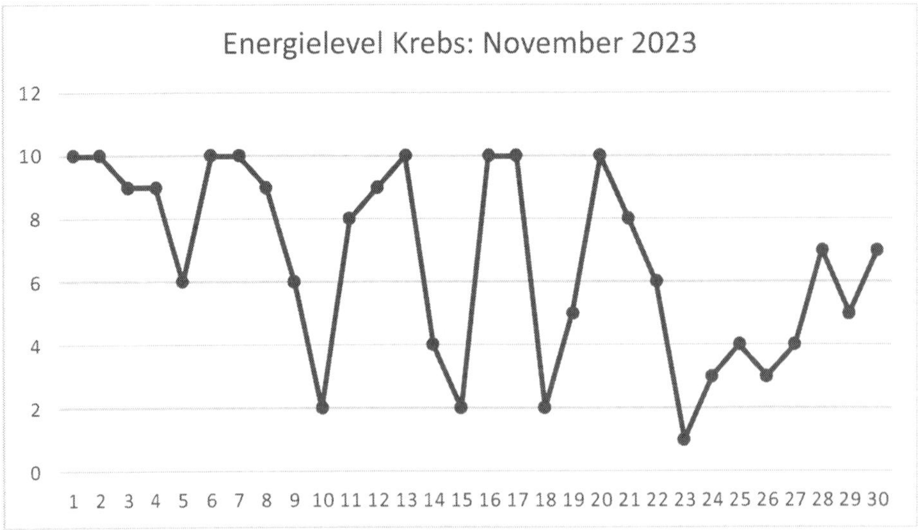

KREBS: IHRE GANZ PERSÖNLICHEN STERNE IM

Dezember

Erfolg Wie sollte es anders sein: der Weihnachtsstress kostet Ihre ganze Kraft, denn Mars steht ungünstig. Da hilft alles nichts, Sie müssen sich durchbeißen. Zugleich läuft Merkur rückwärts, so dass Sie auch noch aufpassen müssen, um keine Fehler zu machen.

Liebe Der Liebesplanet Venus bleibt vom 5. bis zum 29. Dezember im Tierkreiszeichen Skorpion. Das macht den Dezember liebestechnisch zum besten Monat. Vor allem an Weihnachten ist diese Venus so stark, wie das ganze Jahr nicht, denn der Vollmond am 27. verleiht ihr himmlische Kräfte. Da machen Sie die Erfahrung, dass Ihr Seelenbruder bzw. Ihre Seelenschwester existiert.

Gut für Sich nicht klein machen lassen.

Schlecht für Sich mit anderen vergleichen

Die besten Sternenpartner: Jungfrau, Skorpion

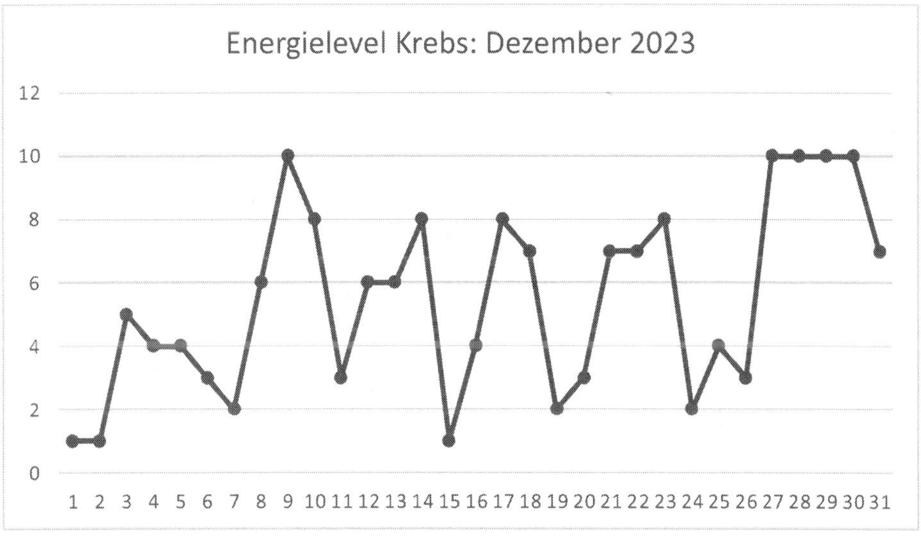

LÖWE

(23. Juli bis 23. August)

2023 nimmt Mars eine Vorrangstellung ein und übertrifft alle anderen Planeten. Für Sie ist das ein Glücksfall. Überall, wo Mars-Energie zum Einsatz kommt – bei der Arbeit, in der Liebe und beim Sport – werden Sie 2023 stark und damit auch erfolgreich. Dieser Mars ist nicht das ganze Jahr über gleich. Manchmal sorgt er für Spitzenleistungen, dann wieder läuft es nach Schema F. In meinen Monatsprognosen, die weiter unten folgen, erfahren Sie genaueres.

Sie bekommen 2023 gleich noch ein Geschenk: Vom 1. Januar bis 16. Mai, also beinahe die ganze erste Jahreshälfte, begleitet Sie Jupiter. So, als wäre Magie am Werk, gelingen Ihnen immer wieder Glückstreffer. Das beginnt bei Kleinigkeiten wie einem Parkplatz vor der Haustüre und endet vielleicht sogar mit einem Gewinn im Lotto. Dazwischen liegen all die Dinge, die das Leben angenehmer und schöner machen, wozu natürlich vor allem die Liebe gehört. Ab Mitte Mai befindet sich dieser Jupiter im Sternzeichen Stier. Das bedeutet nicht automatisch, dass jetzt das Glück ausbleibt, aber Sie müssen mehr dafür tun.

Und Sie bekommen noch ein Glück: Saturn, der am Himmel den Auftrag hat, aufzupassen, dass Sie keine Fehler machen, ist 2023 ausgesprochen milde. Selbst, wenn einmal etwas daneben geht, müssen Sie nicht gleich mit unangenehmen Folgen rechnen. Er wacht auch über Ihr physisches und psychisches Wohlergehen. Insbesondere ist es seine Ansicht, Sie von tief in Ihnen liegenden Krankheitsveranlagungen zu befreien. Dazu ist Ihre Mithilfe allerdings wichtig. Sie sollen sich genau beobachten und gesund leben. Eventuelle Störungen sollten Sie nicht gleich bekämpfen, sondern als Chance nehmen, daran zu wachsen und Ihre Widerstandskraft zu entwickeln.

Liebe

In Partnerschaften wird es „heiß“ – sogar richtig „heiß“. Dafür ist Mars verantwortlich. Letztendlich steckt tief in ihm diese universelle Kraft, neues Leben über

Kinder und Kindeskinder zu erschaffen. Natürlich muss es nicht immer gleich so weit gehen. Aber, alles was mit Liebe zu tun hat, also Lust und Sinnlichkeit, bekommt mehr Raum. Das führt aber andererseits auch dazu, dass Sie sofort protestieren, wenn Ihr Partner Ihnen nicht mit der richtigen Liebe und Sinnlichkeit begegnet. Sinnliche Phasen sind besonders schön mit ein und demselben Menschen, in anderen liebt sich's besser mit einem neuen Partner, weshalb solche Zeiten vor allem freien Löwen vorbehalten bleiben. Dem weiter unten folgenden Monatskalender können Sie genaueres entnehmen. Etwas müssen Sie noch wissen: Neptun und Pluto können Ihr Beziehungsleben komplizieren. Ihrer Wirkung ist es zuzuschreiben, dass Sie einen Hang zu „ungesunden" Beziehungen entwickeln: ein Verhältnis mit einer bereits verheirateten Person, eine Liebe zu einem Menschen mit gescheiterter Existenz und ähnliches. Machen Sie sich das immer wieder bewusst. Fangen Sie unglückliche Beziehungen erst gar nicht an!

Karriere

Jupiter und Mars werden Sie mit Angeboten und neuen Möglichkeiten regelrecht überhäufen. Sie können 2023 eine noch nie erreichte Position erlangen. Aber Sie müssen auch bereit sein für Veränderungen. Auf zu neuen Ufern! So heißt Ihre Devise! Was Ihr Geld angeht, sollten Sie allerdings vorsichtig sein. Sie gehören zweifellos an die Spitze der „Risikogruppe". Planet Uranus könnte Sie dazu veranlassen, blindlings so genannten Jahrhundertideen zu vertrauen: In Kürze zum Millionär ...? Über Nacht steinreich ...? Alles Quatsch mit Sauce ...! Bleiben Sie soliden Investitionen treu, fragen Sie in jedem Fall Fachkräfte vor irgendwelchen größeren Geldinvestitionen.

Ihre Mars-Chance

Dass der Herrscher des Jahres, Mars, versucht, sein Ego zu verwirklichen, wurde schon gesagt. Bei Ihnen verpassen Neptun und Saturn im Zeichen Fische Mars auch noch eine andere Richtung. Sie wecken nämlich den Wunsch, sich mehr mit sich selbst zu beschäftigen, sich selbst besser kennen zu lernen. Vielleicht werden Sie sich mehr mit Astrologie beschäftigen, vielleicht sogar einen Workshop besuchen, in dem es um das Thema geht: *„Wer bin ich wirklich?"*

CHARAKTER	Großzügig, anspruchsvoll
PERSÖNLICHES AUFTRETEN	Selbstbewusst, strahlend
FÜHLEN	Herzlich, offen
STEIN	Heliotrop
TIER	Pfau
PFLANZE	Rose
BESTER TAG	Sonntag

Januar

Erfolg Mars, Venus und Jupiter warten auf Sie. Sie können gleich richtig loslegen. Saturn existiert auch. Er steht Ihrem Sternzeichen genau gegenüber und wird nicht zulassen, wenn Sie nicht ganz genau und vor allem so vorgehen, dass es zu Ihnen passt. Also nicht gleich übertreiben!

Liebe Die tolle Konstellation von Mars, Venus und Jupiter weckt Lust an der Liebe und schafft alle Voraussetzungen, mit dem Menschen einen herrlichen Start ins neue Jahr zu feiern bzw. der Person zu begegnen, die zu Ihnen gehört und Sie glücklich macht.

Gut für Selbstdisziplin, sich beherrschen können.

Schlecht für Überheblichkeit, Selbstgefälligkeit.

Die besten Sternenpartner: Wassermann

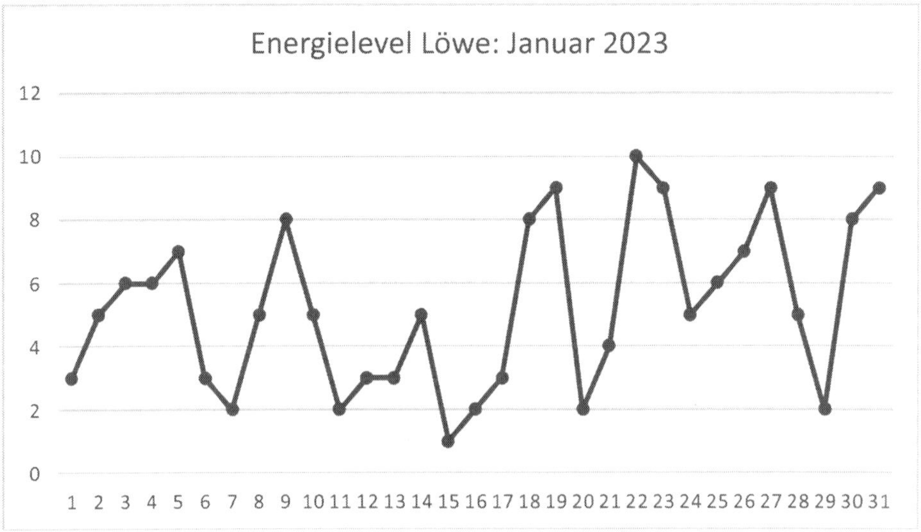

Februar

Erfolg Mars und Jupiter stehen günstig zu Ihrem Sternzeichen. Da kann schon mal nichts schief gehen. Ihr Leben ist herrlich unkompliziert, denn Sie stellen keine großen Ansprüche. Sie wollen Spaß – und den haben Sie auch: Kochen, Fernsehen, Freunde treffen, viel im Internet surfen. Am 11. des Monats bezieht auch noch Merkur eine tolle Position. Vielleicht haben Sie sich für dieses Jahr etwas vorgenommen. Dann dürfen Sie sich jetzt nach vorne drängeln. Das ist nicht einmal mit Anstrengung verbunden. Sie müssen es nur wollen.

Liebe Am 19. Februar heißt es: Tusch! Vorhang auf! Venus kommt und bezieht ebenfalls eine tolle Position. Bis zum Monatsende dreht sich alles um Liebe und Genuss.

Gut für Sie sind weniger spontan, aber dafür umso erfolgreicher.

Schlecht für Beziehungen, die ohnehin nicht wirklich stimmen.

Die besten Sternenpartner: Stier, Jungfrau und Steinbock

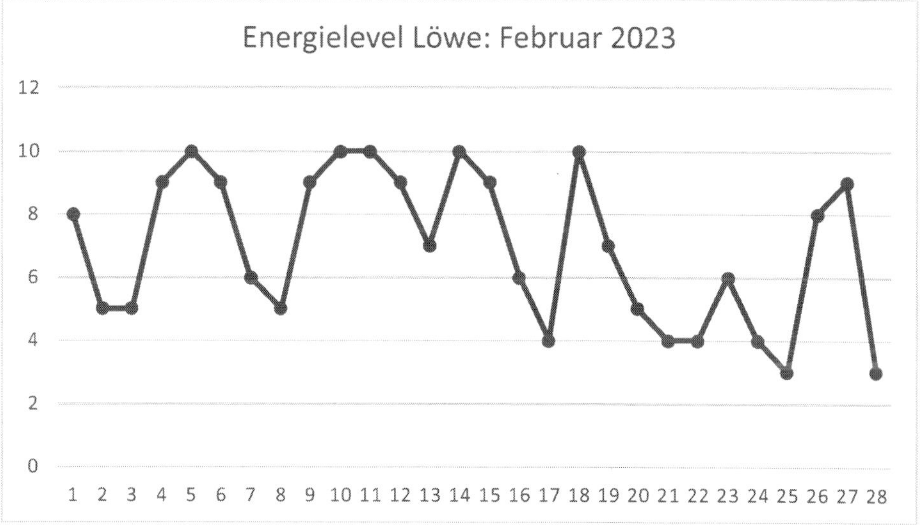

März

Erfolg Schieben Sie es ruhig auf eine Verschwörung am Himmel, wenn Sie in der ersten Märzhälfte nicht "Nein" sagen können. Von dort oben kommt nämlich Ihr großer Appetit auf Geld, Luxus, gutes Essen und Einkaufen. Für Ihre Karriere läuft ab dem 20. eine wichtige Zeit, denn Merkur verbindet sich mit der Sonne, Ihrem persönlichen Herrscherplaneten. Jetzt dürfen Sie loslegen, ruhig auch etwas wagen.

Liebe Was die Liebe angeht, beginnt für Sie der Frühling schon Anfang März. Sie können sicher sein, dass es herrlich wird. Worauf Sie achten sollten, ist Ihre Gesundheit. Mars macht leichtsinnig, und Sie vertrauen jedem leichten Windchen. Da haben Grippeviren gute Chancen, Ihnen eine Erkältung anzuhängen.

Gut für Mutig nach neuen Möglichkeiten greifen.

Schlecht für Nichts unternehmen, um das Glück zu finden.

Die besten Sternenpartner: Wassermann

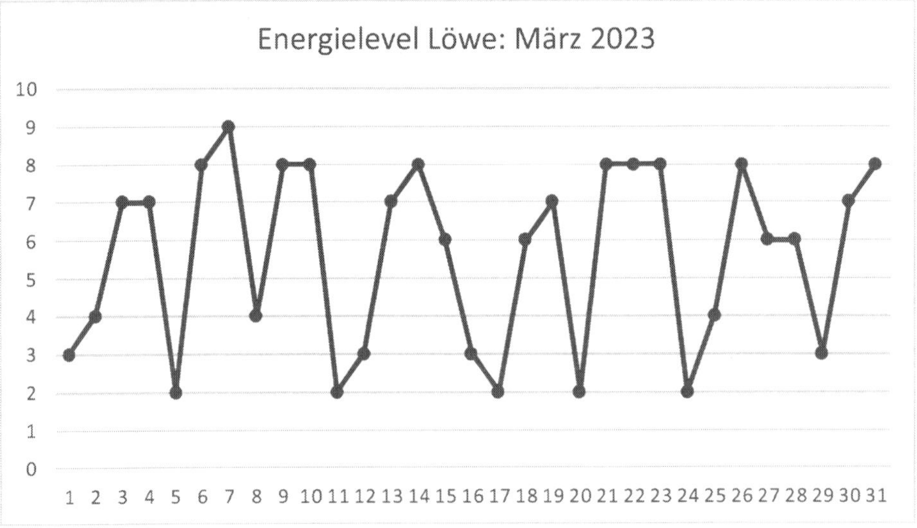

April

Erfolg Karriereplanet Merkur macht im April Pause. Mit seiner Unterstützung können Sie also nicht rechnen. Aber da Jupiter einen günstigen Einfluss auf Ihr Sternzeichen nimmt, brauchen Sie auch keine Angst zu haben, dass etwas daneben geht. Ein Verweis auf Mars ist noch wichtig: Auch er hält sich im April zurück. Auch Sie sollen es genauso machen. Dann übernehmen Sie sich auch nicht.

Liebe Ab dem 11. April bezieht Venus eine hervorragende Position. Sie verleiht Ihnen Attraktivität - genau die richtigen Voraussetzungen, um glückliche Abende und Nächte zu erleben. Ganz verheißungsvoll sind Ihre Liebesaussichten rund um den Neumond am 20. April. Für Singles raten die Sterne: Gehen Sie unter Menschen, suchen Sie im Internet: Jetzt wird es passieren!

Gut für Erfolg, das Leben genießen.

Schlecht für Unzufriedenheit.

Die besten Sternenpartner: Wassermann, Zwillinge

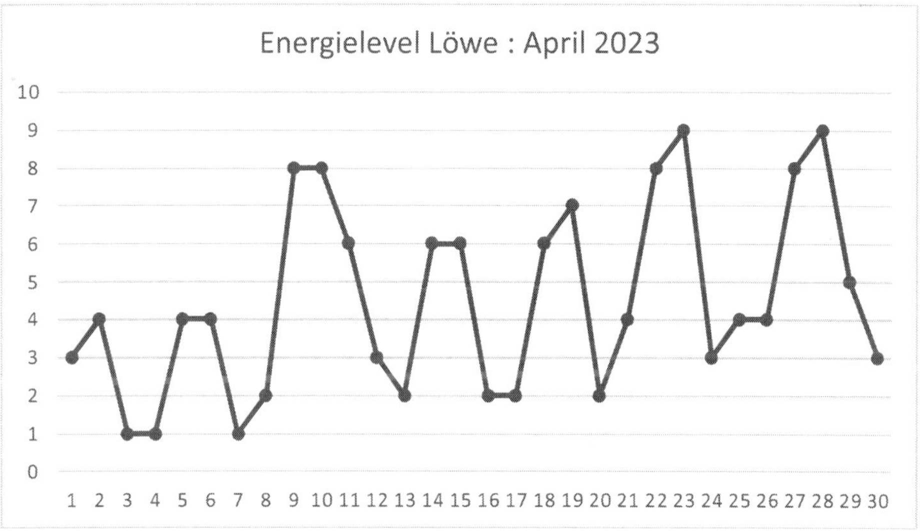

Mai

🏆 ***Erfolg*** Der Mai ist bekanntermaßen der schönste Frühlingsmonat überhaupt. Da ist es vielleicht ein bisschen enttäuschend für Sie, dass weder die Liebe noch die Karriere Unterstützung vom Himmel bekommt. Sie müssen sogar aufpassen, damit Ihnen der rückläufige Merkur nicht eine Falle stellt, und Sie Fehler machen.

❤ ***Liebe*** Wenigstens die erste Maiwoche ist so, wie erwartet: Venus bezieht eine wunderbare Position und verzaubert Ihnen jeden einzelnen Tag. Aber dann, ab dem 7. des Monats steht Venus denkbar ungünstig. Das könnte sogar dazu führen, dass Ihre Partnerschaft Probleme bekommt.

👍 ***Gut für*** Allgemeines Vorwärtskommen.

☹ ***Schlecht für*** Zu lange an einem Problem hängen bleiben.

★ ***Die besten Sternenpartner***: Widder, Waage

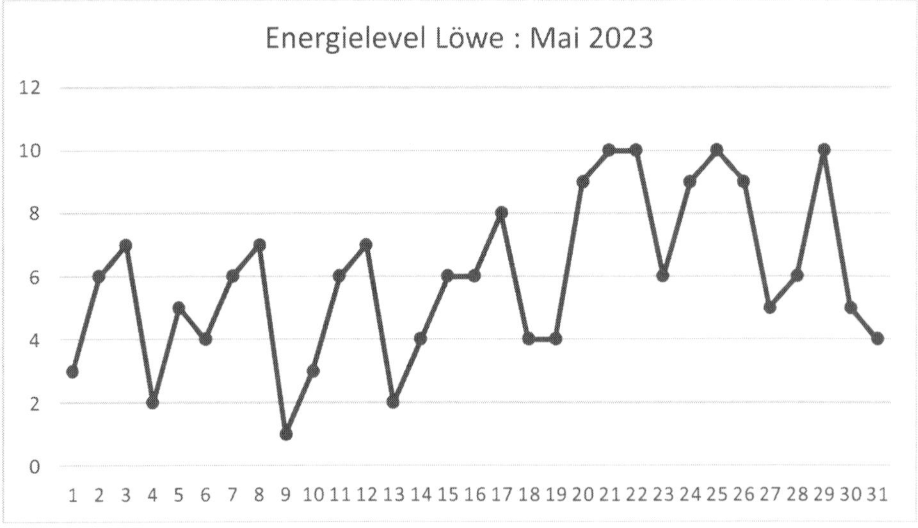

Juni

Erfolg Im Beruf heißt es zunächst vorsichtig sein. Merkur glänzt durch Abwesenheit. Aber dann, ab dem 11. des Monats, nimmt er eine starke Position ein, was dazu führt, dass Sie erfolgreich sind. Zusammen mit Mars, dem Jahresregenten, und Jupiter dem Glücksbringer, sorgt Merkur jetzt für großartige Möglichkeiten. Manche von Ihnen werden daher jetzt aufsteigen und Karriere mache. Noch ein Wort zu Ihrer Gesundheit: Mars in Ihrem Sternzeichen Löwe lässt Sie glauben, Sie könnten Tag und Nacht arbeiten. Glauben Sie ihm nicht!

Liebe Venus macht Ihnen ebenfalls große Freude. Sie steht ab dem 6. des Monats ebenfalls in Ihrem Sternzeichen Löwe. Zusammen mit Mars zaubert Sie Ihnen wunderbare Möglichkeiten, Liebe und Lust zu kosten. Sollten Sie trotz Anwesenheit dieser Liebesplaneten auch in der letzten Woche noch Single sein, bekommen Sie noch einmal eine riesengroße Chance.

Gut für Erfolge, Geld.

Schlecht für Unaufmerksamkeit.

Die besten Sternenpartner: Schütze, Zwillinge, Widder

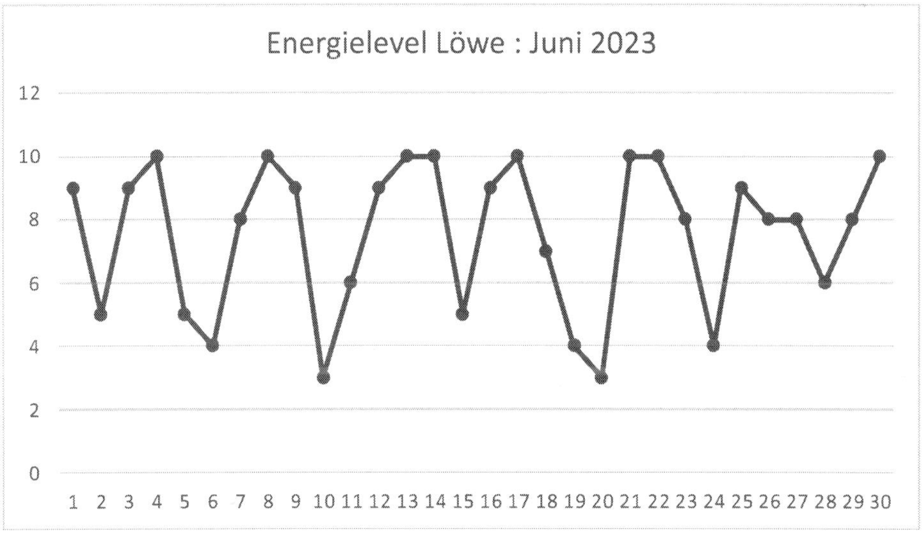

Juli

Erfolg Powerplanet Mars setzt Sie unter Druck. Venus läuft gegen Ende des Monats rückwärts. Das führt schnell dazu, dass Sie sich selbst Probleme machen. Zum Beispiel: Sie nehmen sich etwas vor und schaffen es nicht. Oder: Sie arbeiten so viel, dass Ihre Freizeit zu kurz kommt. Sie müssen sich jetzt selber zügeln. Weniger ist jetzt mehr.

Liebe Wenn Sie die schöne Seite der Liebe kosten möchten, dann sollten Sie sich in den ersten 20 Tagen so oft wie möglich mit Ihrem Partner verabreden. Venus kümmert sich um Sie. Aber erwarten Sie auch nicht zu viel, denn von Mars und Jupiter bekommen Sie keine Unterstützung. Machen Sie sich einfach ein paar schöne Tage!

Gut für Erfolg.

Schlecht für nicht an sich selber glauben.

Die besten Sternenpartner: Schütze, Zwillinge, Widder

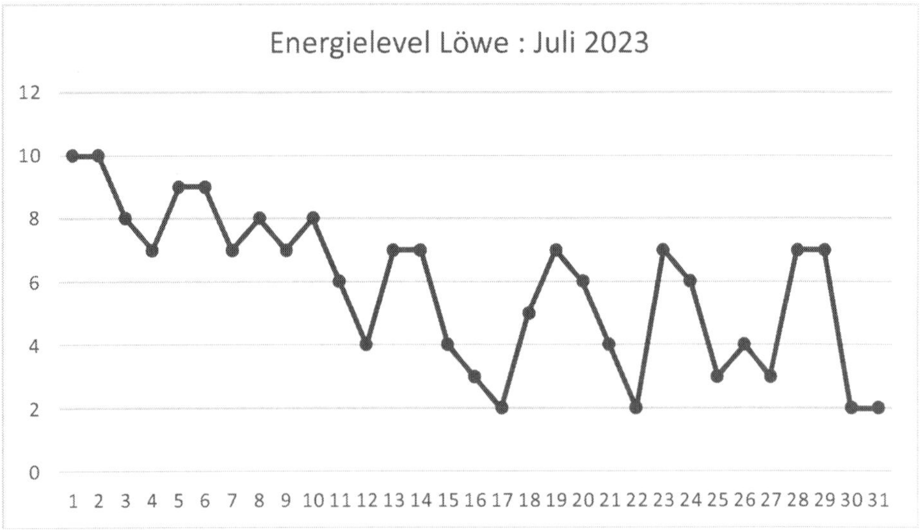

LÖWE: IHRE GANZ PERSÖNLICHEN STERNE IM

August

Erfolg Merkur bezieht eine Position, aus der man schlussfolgern muss, dass Arbeit ansteht. Das gilt nicht, wenn Sie im August im Urlaub sind. Aber wer zur Arbeit eingeteilt ist, braucht viel Kraft. Wichtig ist, genau zu sein und keine Fehler zu machen. Die zählen jetzt nämlich doppelt.

Liebe Den ganzen August über läuft Venus rückwärts. Das ist keine optimale Zeit, um neue Bekanntschaften zu machen. Aber sie eignet sich prima, um in bestehen Beziehungen mehr Klarheit zu schaffen. Auch das gelingt, dass Partner, die sich voneinander getrennt haben, wieder näher zusammenkommen, vielleicht sogar wieder von ganz vorne beginnen.

Gut für Liebe und Zärtlichkeit.

☹ **_Schlecht für_** Konkurrenz, Rivalität.

★ **_Die besten Sternenpartner_**: Löwe Zwillinge

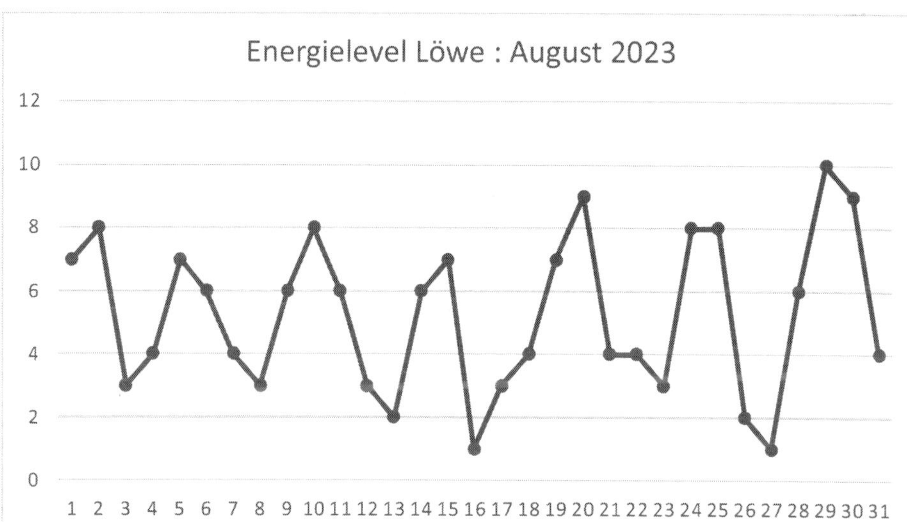

September

Erfolg Merkur, der Karriereplanet, läuft bis zum 15. September rückwärts. Da kommt es zu hundert Prozent darauf an, genau zu sein und darauf zu achten, keine Fehler zu machen.

Liebe Venus hat auch im September den Rückwärtsgang eingelegt. Es ist also wieder wichtig, sich mit Ihrem Partner zu verständigen, Fehler aufzuzeigen und aus der Welt zu schaffen. Beziehungen, die jetzt beginnen, sind mit höchster Wahrscheinlichkeit gar nicht neu, sondern eine Fortsetzung einer Liebesgeschichte aus einem früheren Leben. Das bedeutet aber auch, dass man wieder die gleichen Fehler macht, wie damals. Passen Sie gut auf!

Gut für Mit sich zufrieden sein.

Schlecht für Streit und Auseinandersetzungen.

Die besten Sternenpartner: Löwe Zwillinge

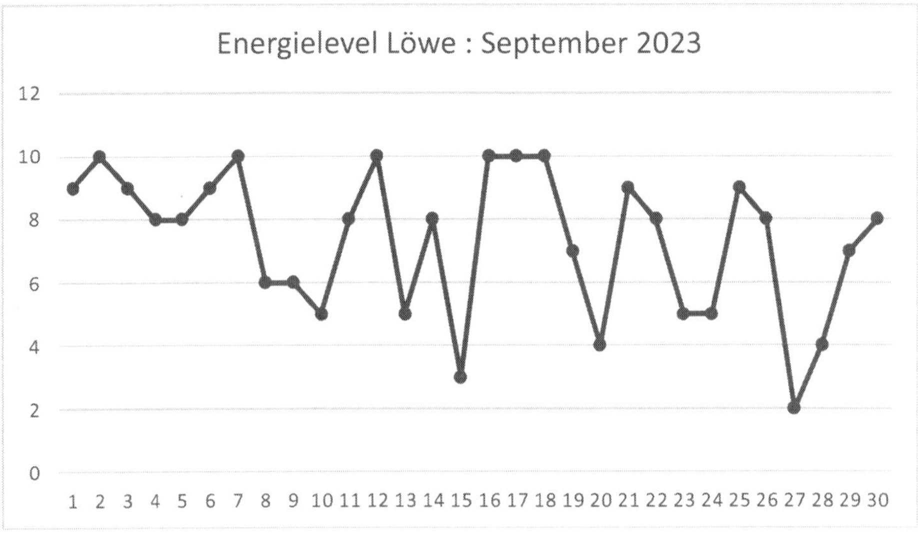

LÖWE: IHRE GANZ PERSÖNLICHEN STERNE IM

Oktober

Erfolg Jobplanet Merkur steht ab dem 7. super. Stellen Sie sich Folgendes vor: Sie haben Fachleute zu Hause, lauter Spitzenkräfte. Die besorgen Ihnen alles, was Sie wollen: endlich Ihr schnuckeliges Haus, eine neue Wohnung, ein schickes Auto... Die beraten Sie auch beim Geldanlegen. Sie können sich coachen lassen, wie Sie Ihr Image verbessern. Würden Sie dann sagen: „Tut mir leid Leute, ich habe gerade keinen Bock, mich um meine fantastische Zukunft zu kümmern ...?" Niemals! Also werden Sie im Oktober die Gunst der Sterne nutzen und das Beste herausschlagen.

Liebe Bis zum 9. des Monats können Sie auch noch mit Glück in der Liebe rechnen. Pluto ist gefragt. Er lässt Sie nicht im Stich. Das bedeutet, dass Sie auf Fähigkeiten zurückgreifen können, die Ihre Vorfahren in Sie gelegt haben. Auch Neptun steht Ihnen zur Seite. Er wird Sie auf jeden Fall daran hindern, irgendeine Dummheit zu machen.

Gut für Schwung, Power, sich durchsetzen und gewinnen.

Schlecht für Maßlos werden.

Die besten Sternenpartner: Widder, Schütze, Löwe

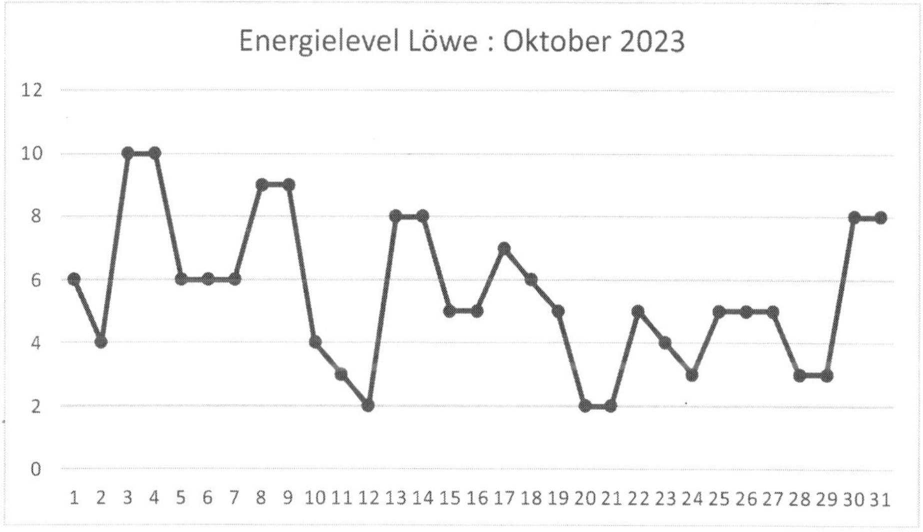

November

Erfolg Für die Karriere sieht es zunächst nicht besonders üppig aus. Am besten Sie schalten auf Routine. Erst ab dem 24. steht Mars super. Das könnten Sie als eine Einladung nehmen, sich wieder einmal dem Sport zuzuwenden. Vielleicht sind Sie ein Mensch, der gerne ins Fitnesscenter geht. Bewegung tut Ihnen jetzt auf jeden Fall besonders gut. Planet Mars kann aber auch Merkur voll unterstützen. Das sieht dann so aus, dass Sie in der letzten Novemberwoche beruflich erfolgreich sind.

Liebe Erst ab dem 12. des Monats lacht Sie die Liebe an, denn Venus befindet sich jetzt in einem freundlichen Abstand zu Ihrem Sternzeichen. Was jetzt besonders gut gelingt, sind Liebesmails, die Sie den Menschen zukommen lassen, die Ihnen sympathisch sind. Sind Sie Single könnte es jetzt auch sinnvoll sein, sich bei einem Partnerinstitut umzusehen.

Gut für Langsam und konzentriert arbeiten - nichts überstürzen.

Schlecht für Sich übernehmen.

Die besten Sternenpartner: Löwe, Waage

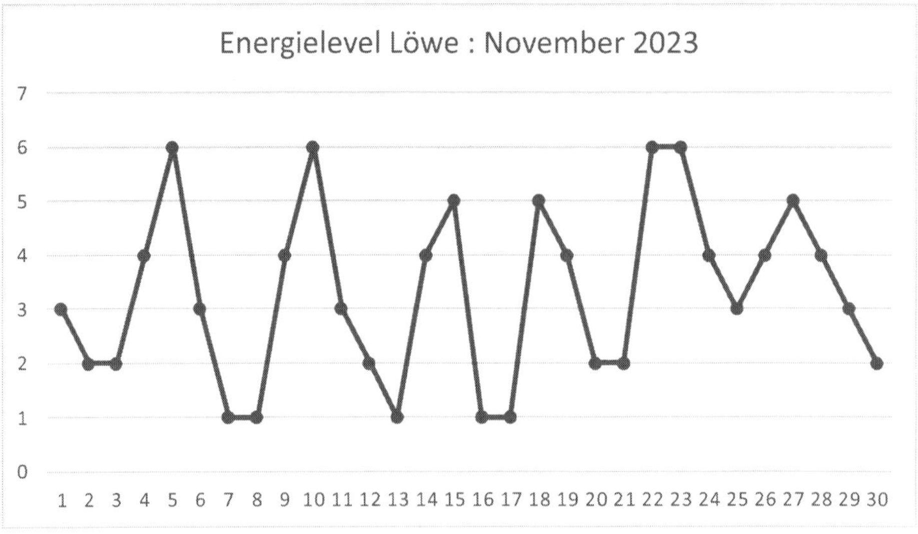

Dezember

Erfolg In punkto Karriere sind Sie jetzt ehrgeizig, super-engagiert und bereit für jeden Sprung nach oben. Wenn Sie zwischen einem vergnüglichen Abend mit Ihrem Herzblatt und einer Teamsitzung bis tief in die Nacht zu wählen haben, entscheiden Sie sich ohne zu zögern für Letzteres. Schuld daran hat Mars, der bis Weihnachten eine starke Position bezieht. Ihr Engagement zahlt sich aus. Rechnen Sie mit mehr Geld und entsprechend einem tollen Weihnachtsgeschenk.

Liebe Venus steht ungünstig. Da können sogar Schwierigkeiten auftauchen: Missverständnisse, Eifersucht und Rivalitäten machen Ihnen vielleicht das Leben schwer. Planet Mars steht bis Weihnachten sehr günstig. Sie finden Wege, um mit Problemen fertig zu werden.

Gut für Glück, Erfolg, Geld.

Schlecht für Missmut, schlechte Laune.

Die besten Sternenpartner: Schütze, Waage, Wassermann, Zwillinge

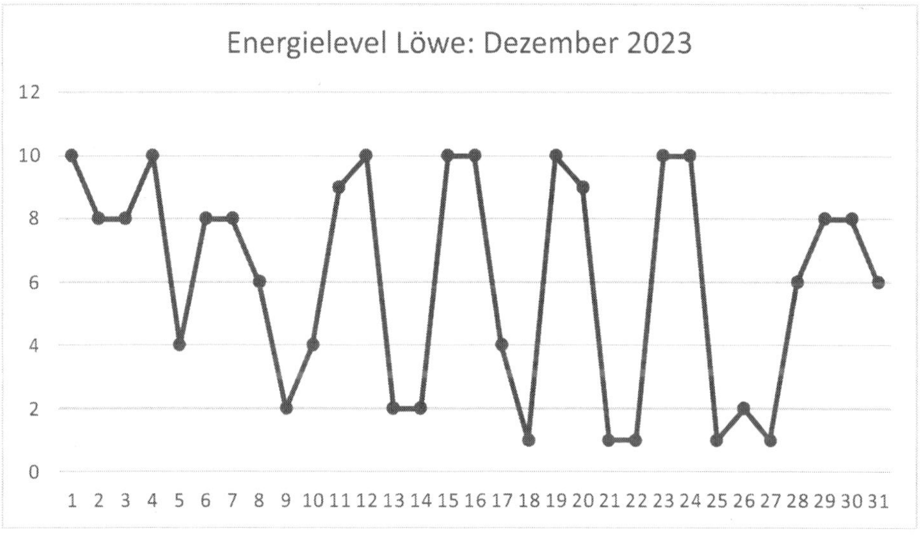

JUNGFRAU

(24. August bis 23. September)

2023 „tanzt" alle Welt nach der Pfeife des Planeten Mars. Denn er ist Dirigent des Jahres. Es wird also laut und wild, denn Mars ist ein dynamischer, in gewisser Weise auch egoistischer Planet. Haben dann Sie, die rücksichtsvolle Jungfrau, schlechte Karten? Nein, im Gegenteil! Gerade weil es turbulent sein wird, werden Sie gebraucht. Sie sind der Grund, dass das Mars-Jahr nicht ausufert, friedlich bleibt, dass man sich immer wieder verträgt. Sie sind der ruhende Pol, das Herz, die Person des Vertrauens. Mit Ihnen schließt man wichtige Verträge und bedeutsame Geschäfte ab. Und mal ehrlich, etwas marsischer Schwung tut Ihnen doch auch ganz gut. Natürlich ist dieser Mars nicht das ganze Jahr über gleich stark. Es gibt Spitzenzeiten, und dann ist es wieder relativ ruhig. Dieses Auf und Ab entnehmen Sie bitte meinen folgenden Monatsdeutungen.

Neptun ist Ihr Schutzengel. Er steht Ihrem Sternzeichen Jungfrau ganz genau gegenüber. Was immer Sie tun, er passt auf Sie auf. Zugleich ist er eine Brücke in die Welt Ihrer Seele. Dort geht es nicht um Geld, Erfolg, Anerkennung, sondern um inneres Glück. Wenn Sie daran teilhaben, dann fehlt es Ihnen an nichts, Sie sind zutiefst zufrieden. Sie vermissen nicht einmal die Liebe, wenigstens nicht die, die man normalerweise so bezeichnet, also eine Beziehung zwischen Mann und Frau. Die Liebe im Reich Ihrer Seele ist viel tiefer und umfassender.

Saturn steht ab Februar ebenfalls Ihrem Sternzeichen Jungfrau gegenüber. Probleme mit ihm bekommen nur dann, wenn Sie sich gegen ihn stellen. Sie müssen ihn wie einen guten Berater willkommen heißen, wie einen Dirigenten oder Chef. Befolgen Sie, was er Ihnen zu sagen hat – dann bringt er Ihnen sogar Erfolg. „Aber", werden Sie jetzt vielleicht sagen, „woran erkennt man ihn...?" Die Antwort lautet, dass Saturn in jedem Menschen steckt, mit dem Sie es zu tun haben, besonders in älteren Menschen, Chefs, Behörden und anderen Autoritäten. Und mit all diesen heißt es, sich gut zu stellen.

Liebe

Zuallererst sind es Mars, der Jahresregent, Jupiter, Saturn und Neptun, die Ihre Liebe dirigieren. Diese Sterne werden Sie mit neuen Möglichkeiten regelrecht überhäufen. Außerdem nimmt Uranus Ihre Beziehungen ins Visier. Unter seinem Einfluss beanspruchen Sie ein unabhängiges, selbständiges Leben und sind nicht bereit, sich Ihrem Partner so mir-nichts-mir-nicht unterzuordnen. Für Singles wiederum ist allerhand geboten. Dank Uranus werden Ihnen Menschen begegnen, mit denen Sie sich auf Anhieb verstehen und mit denen es riesigen Spaß macht, gemeinsam etwas zu unternehmen. Da Mars, der Jahresregent, überall dabei ist, kann es gar nicht ausbleiben, dass das Feuer der Liebe heiß lodert.

Karriere

Pluto macht Druck. Irgendwie vermittelt er ihnen ein Gefühl, dass Sie jetzt aktiv sein müssen. Dem Jahresregenten Mars ist das gerade recht. Er kann loslegen. Die Zeit ist also reif für Sie. Man wartet darauf, dass Sie nach vorne treten, zu sich stehen und Ihr Können demonstrieren. Sie haben zwar Gönner und wohlwollende Kollegen, sind aber doch auf sich selbst gestellt. Den Weg zum Gipfel müssen Sie allein gehen. Aber keine Angst, Sie sind bestens gerüstet. Neptun steht, wie bereits erwähnt, Ihrem Sternzeichen genau gegenüber. Er ist eine Quelle großer Eingebungen. Mit seiner genialen Unterstützung können Sie im Jahr 2023 mit blitzgescheiten Einfällen aufwarten.

Ihre Mars-Chance

2023 ist ein Mars-Jahr. Damit sind auch die heißen Eisen schon benannt: Rivalität, Disharmonie, Konkurrenz. Mit derartigen Auswirkungen des Mars-Jahres müssen Sie fertig werden und dürfen nicht nur nach Ihrem Lieblingsmotto handeln: „Wird schon werden ...!" Sie müssen 2023 rechtzeitig auf den Tisch hauen, und nicht immer nur schlucken und nachgeben. Es hilft alles nichts, Sie müssen manchmal über Ihren Schatten springen: Lernen Sie sich zu verteidigen! Werden Sie egoistischer! Sie gehören dennoch immer noch zu den Friedlichen dieser Welt.

CHARAKTER	Aufmerksam, gewissenhaft
PERSÖNLICHES AUFTRETEN	Bescheiden, besonnen, reserviert
FÜHLEN	Fürsorglich, leicht
STEIN	Achat
TIER	Perserkatze
PFLANZE	Apfelbaum
BESTER TAG	Mittwoch

Januar

🏆 ***Erfolg*** Nur Planet Merkur steht zu Diensten. Aber wenn es heißt, „nur" ist das völlig untertrieben. Denn schließlich ist Merkur Ihr persönlicher Freund, der Ihnen schon tausendmal zu Erfolgen geholfen hat und sich darum kümmert, dass es auch so bleibt. Ich rate Ihnen, bis zum 20. sich all der Dinge anzunehmen, bei denen Sie auf Zack sein müssen und sich dann eher der Routine zu widmen.

❤ ***Liebe*** Die Liebe macht Pause. Weder Mars, noch Venus, noch Jupiter sorgen für verliebte Zeiten. Der einzige Trost lautet, dass es schon im Februar viel besser wird.

👍 ***Gut für*** Routine.

☹ ***Schlecht für*** Selbstdisziplin, sich beherrschen können

★ ***Die besten Sternenpartner***: Steinbock, Jungfrau

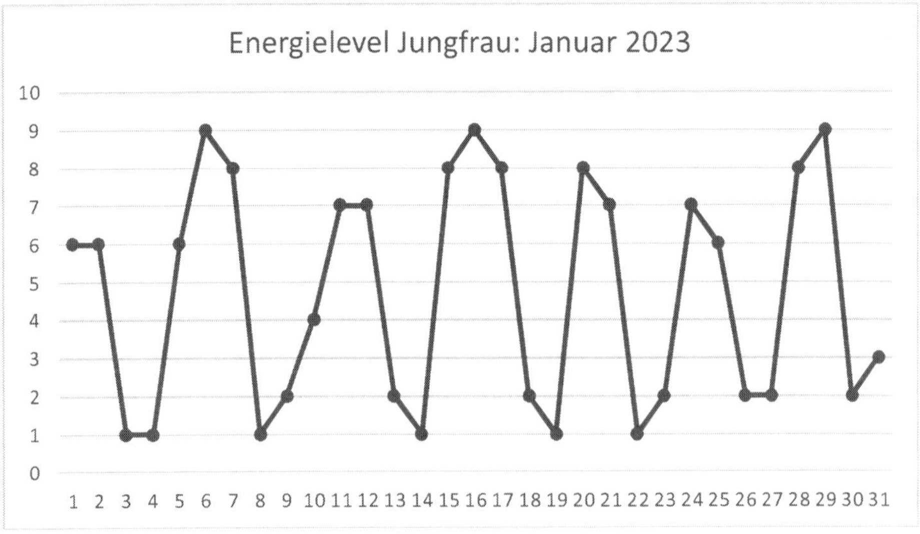

Februar

Erfolg Ganz sicher ist, dass Sie bis zum 10. des Monats ein paar gute Vorlagen im Job serviert bekommen. Zu verdanken haben Sie es Merkur, der sich im Steinbockzeichen um Sie kümmert. Möglicherweise mischt auch Uranus schon mit, und Sie können beweisen, dass Sie gute Ideen haben.

Liebe Venus stärkt Sie bis zum 18. des Monats. Falls bisher in punkto Liebe ein Winterschlaf angesagt war, so ist das jetzt ganz bestimmt vorbei. Möglich ist auch, dass Sie im Februar auf Tuchfühlung mit einer alten Bekanntschaft gehen, und - hoppla! - die hat viel mehr drauf als Sie dachten. Aus Freundschaft wird Liebe? Möglich wär's!

Gut für sich Zeit für die Liebe nehmen.

Schlecht für Sich mit Nebensächlichkeiten verzetteln.

Die besten Sternenpartner: Fische, Krebs, Skorpion

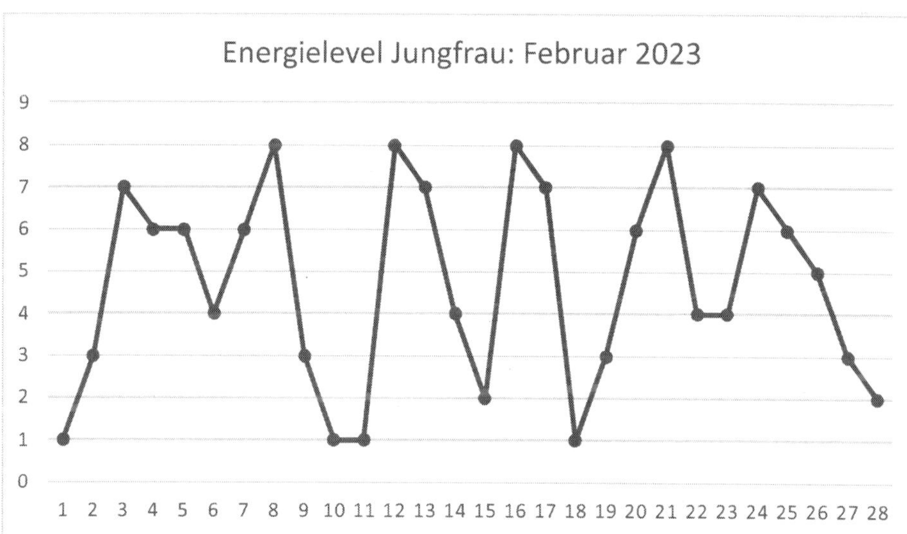

März

Erfolg Einzig und allein die Sonne und Merkur unterstützen Sie im März. Allerdings dürfen Sie auch nicht allzu viel erwarten. Da ist angesagt, das Ganze langsam angehen zu lassen. Ihre starken Zeiten kommen schon noch.

Liebe Venus hat es bis weit über die Monatsmitte hinaus sehr kalt. Da kann man wirklich sagen, die Liebe liegt vorübergehend auf Eis. Da ist es schön, wenn man einen Partner hat, auf den man sich verlassen kann. Singles müssen sich gedulden. In der Nacht vom 17. auf 18. März zieht Venus in das Sternzeichen Stier ein. Herrschte zuvor Eiseskälte, so beginnt für Sie jetzt ein Frühling der Liebe.

Gut für Inneres und äußeres Wachstum.

Schlecht für Einsatz vortäuschen, so tun als ob.

Die besten Sternepartner: Steinbock, Krebs, Jungfrau

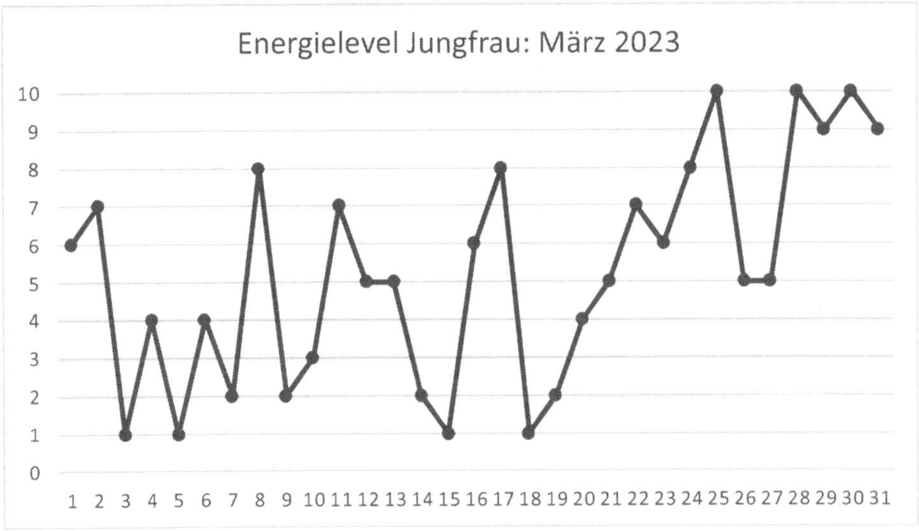

JUNGFRAU: IHRE GANZ PERSÖNLICHEN STERNE IM

April

❤ ***Erfolg*** Beinahe den ganzen April über vollbringen Sie Wunder: Sie steigern den Umsatz Ihrer Firma, bekommen ein Angebot für einen Posten in der Gesellschaft und vielleicht hilft Ihnen dieser Mars sogar beim Lotto.

❤ ***Liebe*** In den ersten zweieinhalb Wochen rückt Venus in den Vordergrund und beglückt Sie mit dem Zauber der Liebe. Sie haben Lust am Leben, erlauben sich öfters ein gutes Essen und sorgen auch sonst dafür, dass es Ihnen an nichts fehlt. Den Singles unter Ihnen könnte jetzt auch ihr Traumpartner über den Weg laufen, der genau Ihrem Suchbild entspricht. Ab dem 17. des Monats zieht sich die Liebe zurück. Aber Sie bleiben heiter.

👍 ***Gut für*** Ihrer inneren Bestimmung folgen.

☹ ***Schlecht für*** Streitereien und Auseinandersetzungen.

★ ***Die besten Sternepartner***: Fische, Stier, Jungfrau

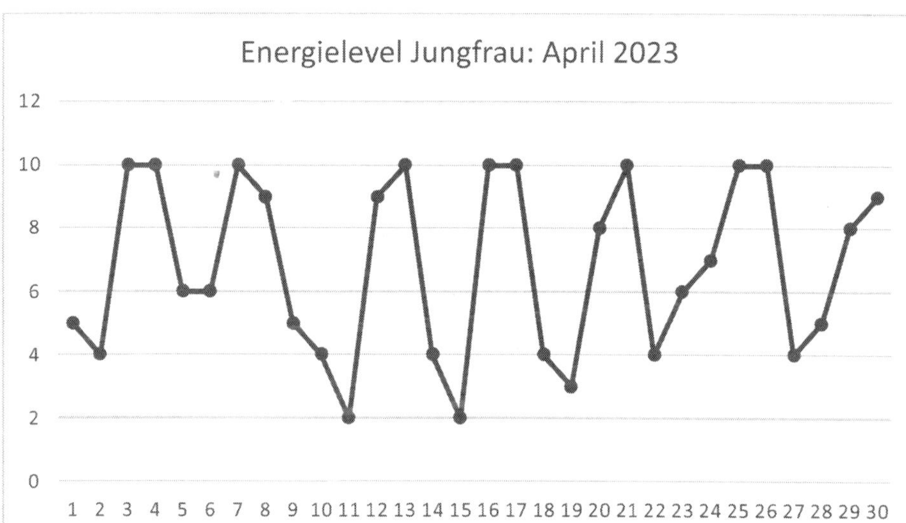

Mai

🏆 ***Erfolg*** Venus und Mars beziehen eine ungünstige Position. Ganz sicher müssen Sie dann mehr arbeiten, bekommen aber wahrscheinlich trotzdem nicht mehr Geld. Vielleicht schlittern Sie sogar in eine Situation hinein, die Ihnen Sorgen bereitet.

❤ ***Liebe*** Beinahe den ganzen Monat über befindet sich das Liebesduo Venus und Mars in einer für Sie wunderbaren Position. Da spüren Sie den Frühling viel intensiver als alle anderen. Diese Sterne küren Sie zur kosmischen Königin bzw. zum Prinzen: so schön war es noch nie! Aufpassen sollen Sie auch: machen Sie sich frühlings-fit. Beginnen Sie mit einem Aktiv-Programm: Jogging, Walking, Biken – alles natürlich an der frischen Luft. Das hält Sie fit. Das aktiviert Ihre männlichen Eigenschaften, egal ob Sie eine Frau oder ein Mann sind.

👍 ***Gut für*** Ihr Lebenswerk schmieden.

☹ ***Schlecht für*** Sich mit Kleinigkeiten aufhalten.

★ ***Die besten Sternenpartner***: Skorpion, Fische, Stier

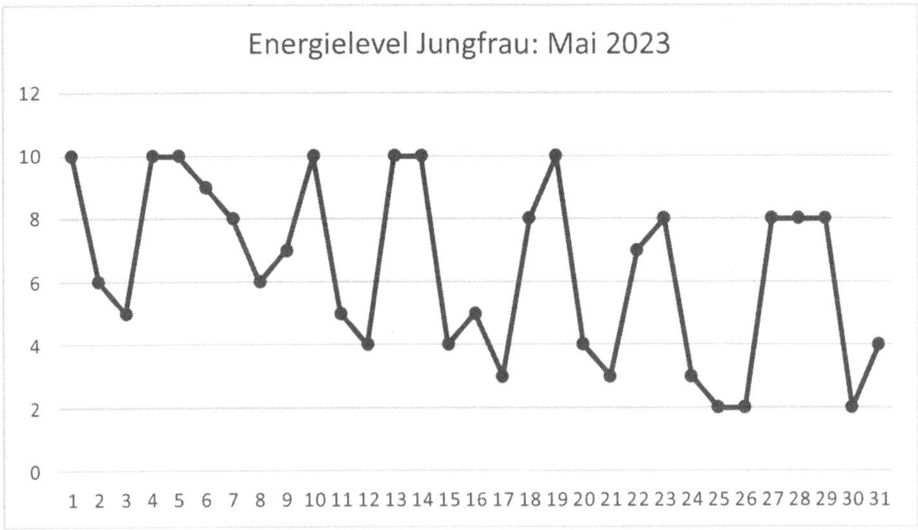

Juni

Erfolg Leider kennt Ihr Job im Juni keine Gnade. Der Stress ist schlimm. Da ist es eine großartige Hilfe, dass Planet Jupiter für Sie eine überaus günstige Position einnimmt. Sie kriegen also den Stress ganz gut geregelt. Wichtig: halten Sie sich wenigstens zurück, wenn Sie nicht arbeiten müssen. Außerdem kommen vom Himmel Tipps für Ihre Gesundheit. In Ihrem Menüplan stehen an erster Stelle ballaststoffreiches Obst, Gemüse und Salat. Das gleicht nicht nur die ungünstige Einflussnahme des Fitnessplaneten Mars aus, sondern lässt Sie noch besser strahlen.

Liebe Venus steht ungünstig. Da müssen Sie mit Lieblosigkeiten rechnen. Sogar Ihr Partner lässt es an Zuneigung fehlen. Vom Himmel kommt auch eine kleine Warnung. Sie besagt, dass Sie im Juni zur Eifersucht neigen. Es existiert aber auch ein guter Rat: Sie können jetzt einen Konflikt mit einem lieben Menschen aus der Welt schaffen.

Gut für Freundschaften fördern.

Schlecht für Mutlosigkeit.

Die besten Sternenpartner: Krebs, Fische, Skorpion

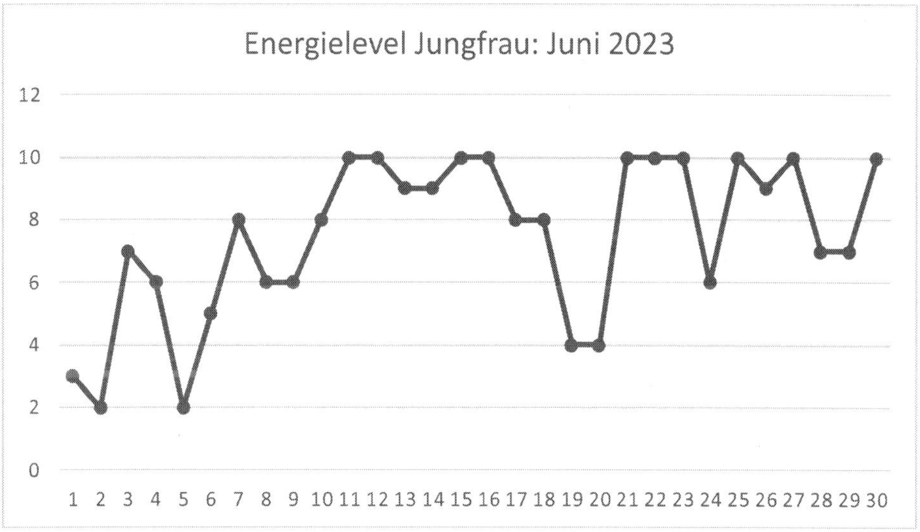

Juli

Erfolg Mars zieht am 10. Juli in Ihr Sternzeichen ein und bleibt bis Ende August. Er hilft Ihnen vor allem in Ihrem Beruf. Er ist ja der herrschende Planet des Jahres. D.h., wenn er günstig steht, wie jetzt bei Ihnen, kann eigentlich nichts schief gehen. Wichtig ist, dass Sie auch selbst an ihn glauben.

Liebe Jetzt strahlen Sie Wärme und Zuversicht aus. Eine Folge davon könnte sein, dass jeder bei Ihnen Trost sucht: Als Psycho-Doc und „la mama" sind Sie die Nummer Eins. Aber Sie haben Mars, der Sie aufbaut, wenn Sorgen im Anflug sind. Sie verbringen viel Zeit zuhause und machen es sich gemütlich.

Gut für vielversprechende Angebote.

Schlecht für Sorgen.

Die besten Sternenpartner: Stier, Jungfrau, Steinbock

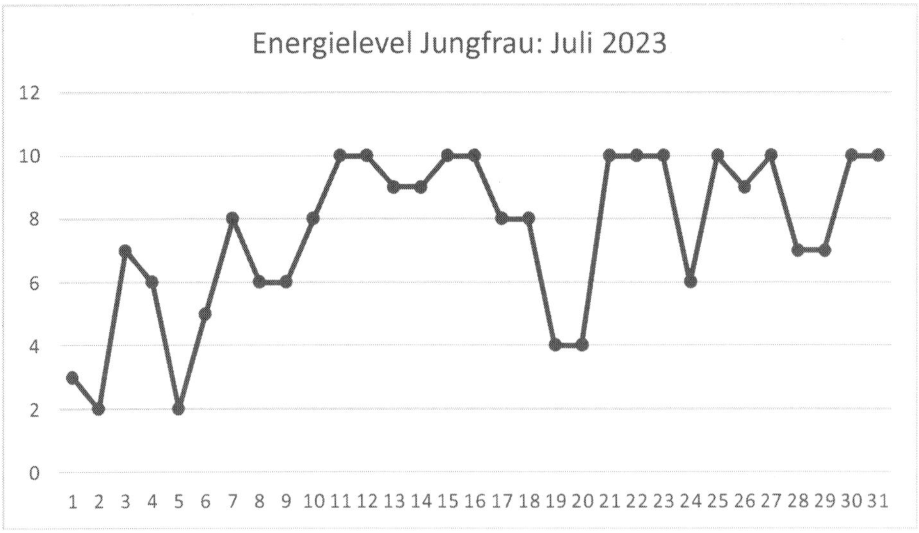

August

Erfolg Jetzt heißt es, Ärmel aufkrempeln und non-Stopp durcharbeiten: Sie können das. Zum Thema Karriere gibt es folgendes zu sagen: Mars steht stark, auch Merkur. Aber in der letzten Augustwoche läuft er rückwärts. Jetzt müssen Sie aufpassen: Mars treibt an, Merkur bremst. Da passieren schnell Fehler. In Ihrem kosmischen Karriereplan steht eine Beförderung. Versäumen Sie etwas, wenn Sie in die Ferien fahren? Nein, selbst wenn Sie irgendwo am Meer in der Sonne liegen, kümmern sich ihre Karrieresterne um Sie.

Liebe Für die Liebe sehen Ihre Sterne nicht so günstig aus: Venus hält sich zurück. Aber unglücklich sind sie deswegen nicht. Sie kümmern sich um sich selbst und sind eben ganz besonders nett zu sich.

Gut für Deutlich mehr Selbstvertrauen.

Schlecht für Sich zurückhalten.

Die besten Sternenpartner: Krebs, Fische, Skorpion

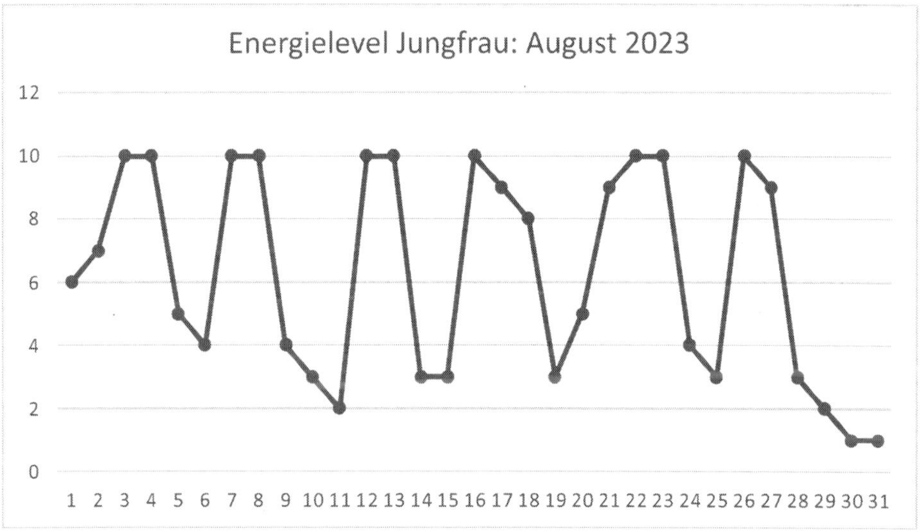

JUNGFRAU: IHRE GANZ PERSÖNLICHEN STERNE IM

September

🏆 ***Erfolg*** Powerplanet Mars macht Sie schnell wie ein Blitz und stark wie ein Bär. Da Venus keine „gute Figur" am Himmel macht, können Sie die großartige Energie sozusagen ganz für Ihre Karriere nützen. Jobplaneten Merkur steht nämlich auf Ihrer Seite. Eine andere Möglichkeit sieht so aus: Sie buchen einen Termin im Fitnessstudio oder walken, ganz egal, wie das Wetter ist, täglich durch den nächsten Park.

❤ ***Liebe*** Venus bezieht eine ungünstige Position. Obendrein läuft sie rückwärts. Das macht alles schwieriger: Verzögerungen, Verschleppungen, Berge von Problemen usw. Im Vergleich mit anderen Sternzeichen sind Sie aber im Vorteil, weil Jupiter Ihnen unter die Arme greift. Das führt unter anderem dazu, dass Sie Probleme aus der Welt schaffen können, wenn Sie nur ehrlich und offen darüber sprechen.

👍 ***Gut für*** Selbstbestätigung.

☹ ***Schlecht für*** Sich runterziehen lassen.

★ ***Die besten Sternenpartner***: Krebs, Jungfrau, Steinbock

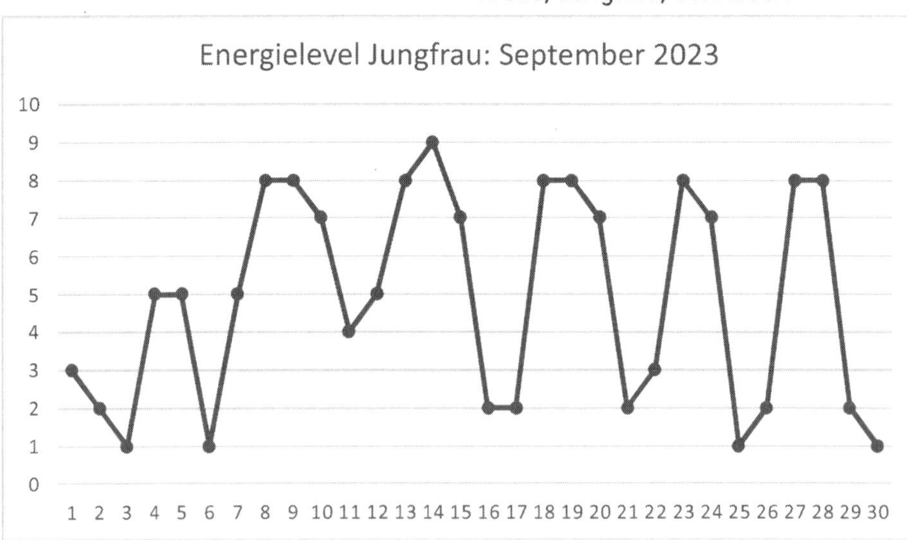

Oktober

Erfolg Dass die Sterne Sie lieben, merken Sie erstens am wachsenden Kontostand. Ihr Part dabei: Denken Sie in alle Richtungen. Für jedes Problem gibt es nicht nur eine, sondern mehrere Lösungen. Seien Sie erfinderisch, vielleicht reden Sie auch mit jemandem über Ihre berufliche Situation. Das bringt Sie vielleicht auf neue Gedanken.

Liebe Zweitens läuft es im Zwischenmenschlichen herrlich. Im Oktober werden Sie von Mars und Venus regelrecht verwöhnt. Singles genauso wie Paare kommen voll auf ihre Kosten, und Sie genießen eine wunderbare Herbstliebe. Alles stimmt. Bis zum Monatsende bleibt das so. Da Ihnen ja auch Jupiter zur Seite steht, ist es gut möglich, dass Sie eine neue Beziehung beginnen und festigen. Auch Ihre Partnerschaft profitiert von den günstigen Sternen. Sie sollten sich aber auch Zeit nehmen.

Gut für Brainstorming.

Schlecht für Sich gehen lassen.

Die besten Sternenpartner: Steinbock, Skorpion

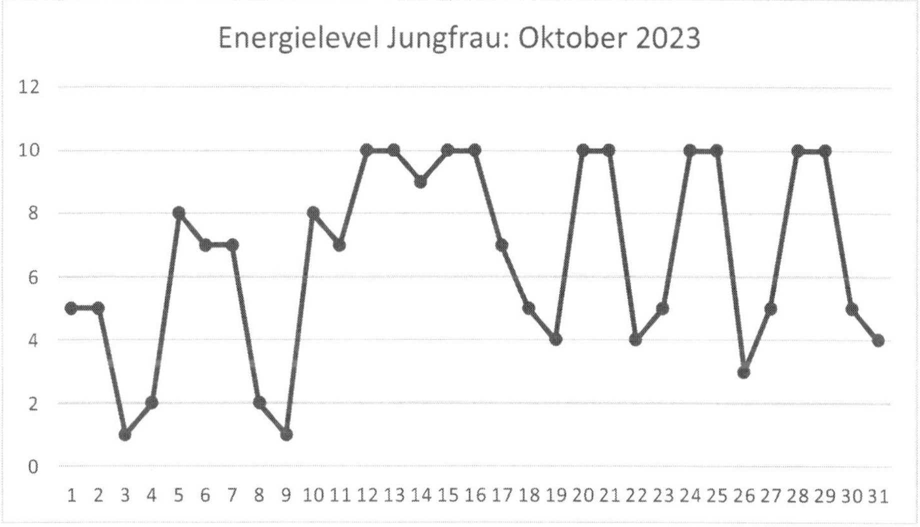

JUNGFRAU: IHRE GANZ PERSÖNLICHEN STERNE IM

November

Erfolg Powerprotz Mars steht günstig zu Ihrem Sternzeichen und reicht Ihnen die Hand. Das bedeutet, Sie wachsen jetzt über sich selbst hinaus. Das hilft Ihnen, sich im täglichen Konkurrenzkampf bestens zu behaupten. Außerdem hilft er Ihnen auch, fit und gesund zu bleiben. D.h. jetzt aber auch nicht, dass Sie überhaupt nicht auf Ihre Gesundheit achten müssten. Im Gegenteil. Leben Sie gesund und Sie leben länger. Außerdem sollten Sie auch zur Kenntnis nehmen, dass Sie unter Umständen regelrechte Tollkühnheit überkommt. Also zwischendurch immer wieder mal zur Ruhe kommen!

Liebe Verliebtheit steht nicht in Ihren Sternen. Der Planet, der Ihre Sinnlichkeit weckt, Venus befindet sich in einem ungünstigen Abstand zu Ihrem Sternzeichen. Der Beziehungsalltag macht Probleme. Im Leben von Singles ist nichts Großartiges zu erwarten. Am schönsten wäre, wenn Sie jetzt an einen tollen Urlaubsort verreisen können.

Gut für Gesund leben

Schlecht für Selbstzweifel.

Die besten Sternenpartner: Steinbock, Jungfrau, Stier

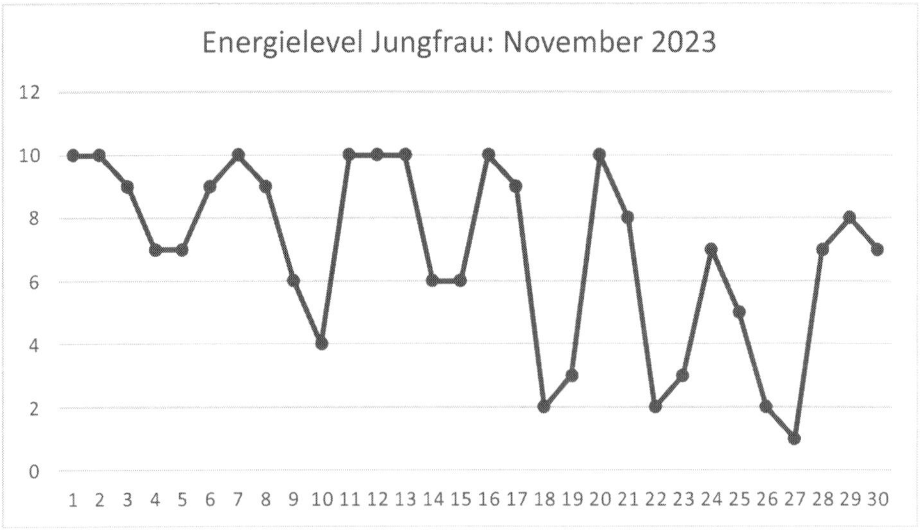

Dezember

Erfolg Geht es nach Venus, ist ein akute Verliebtheitsanfall so gut wie sicher. Der Liebesplanet steht im Sternzeichen Skorpion. Jupiter wiederum hext Ihnen Voodoo-Kräfte an: Sie kriegen, wen Sie wollen. Worauf Sie aufpassen müssen, ist folgendes: Nicht jeder Mensch, der Ihnen den Hof macht, ist automatisch der bzw. die richtige. Treffen Sie eine gute Vorauswahl.

Liebe Venus kümmert sich um Ihre Freundschaften. Da kann er sogar gut sein, dass eine davon zu einer neuen Liebschaft wird. Genauso ist auch das möglich, dass Sie in Ihrer jetzigen Beziehung feststellen, was für ein tolles Team Sie sind. Auf jeden Fall sind Sie zufrieden und glücklich.

Gut für Intensives Leben.

Schlecht für Rückzug.

Die besten Sternenpartner: Steinbock

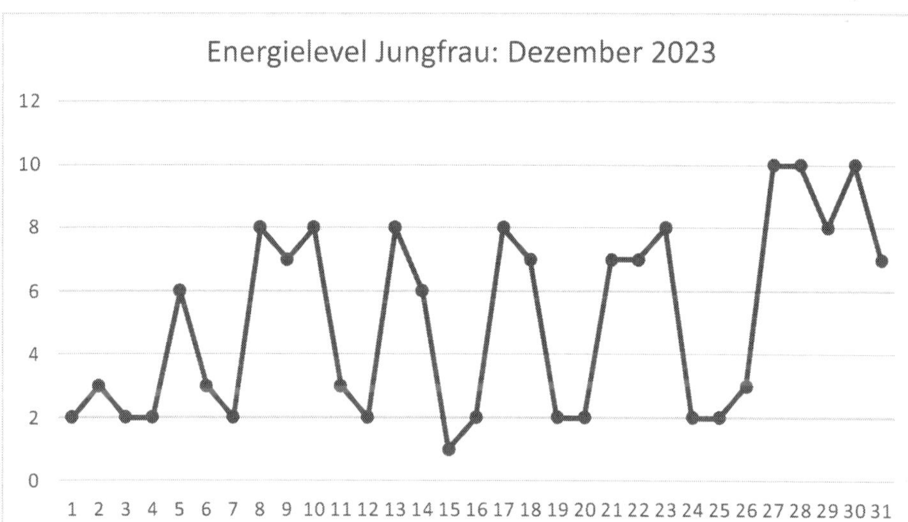

WAAGE

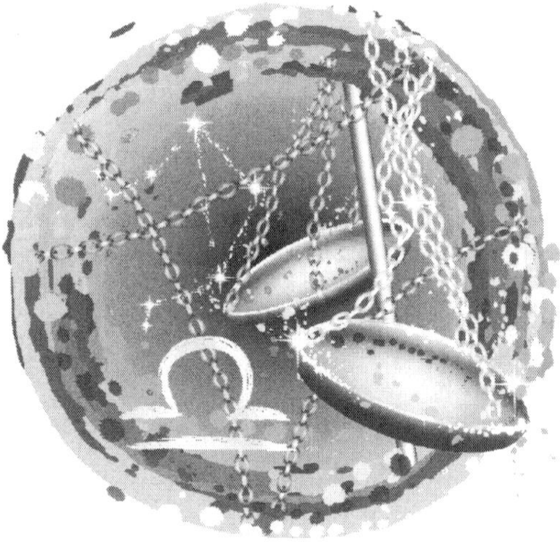

(24. September bis 23. Oktober)

2023 ist dem Planeten Mars unterstellt. Es bringt Ihnen, der besonnenen und friedfertigen Waage, zunächst einmal Unruhe. Sie müssen mit Störungen und Rücksichtslosigkeiten fertig werden. Dass alles immer nach Plan läuft, von dieser Erwartung müssen Sie sich trennen. Gelegentlich wird sich Ihnen jemand in den Weg stellen oder sogar frech oder unverschämt daherkommen. Aber das sind auch die einzig unangenehmen Dinge, die drohen. Die angenehmen und vorteilhaften Wirkungen des Planeten Mars fallen deutlich mehr ins Gewicht. Als Waage sind Sie ein Mensch, der stets versucht, einen Ausgleich zu stiften. Vorbild ist das Emblem, das Ihr Sternzeichen kennzeichnet, eine Balkenwaage. Das sieht in unserer Welt, in der es eigentlich immer darum geht, sich einem Vorteil zu schaffen zunächst, wie ein Nachteil aus: Die anderen setzen sich durch und Sie, die Waage, haben den Nachteil. Aber jetzt, wo Planet Mars regiert, sieht es besser für Sie aus. Denn jetzt werden Sie stark, sich für die Mitte, den Ausgleich, die Zufriedenheit einzusetzen. Sie werden also gebraucht im kommenden Jahr 2023.

Des Weiteren zieht Jupiter bis Mitte Mai durch den Widder und steht damit Ihrem Sternzeichen Waage genau gegenüber. Diese Position wird in der Astrologie seit altersher mit Reichtum durch (Spiel-)Gewinne, Geschenke und günstige Darlehen in Verbindung gebracht. Es gibt zwar keine Garantie für den goldenen Treffer, aber warum sollten Sie nicht auch einmal zu den ganz großen Glückskindern gehören und einen satten Lottogewinn einheimsen? Jedenfalls haben Sie mehr Chancen als sonst.

Liebe

Mars ist auch ein Liebesplanet, fördert Beziehungen, weckt die Lust am Sex. Das bedeutet, dass Ihnen die Liebe 2023 ständig vor der Nase herumtanzt, dass Ihnen Menschen begegnen, die zu Ihnen passen wie „Deckel auf Topf" oder wie der passende Schlüssel in ein Schloss. Auch in bestehenden Partnerschaften weckt dieser tolle Mars neue Gefühle und Leidenschaft. Die Liebe ist zwar das ganze Jahr über stark, allerdings nicht gleichmäßig, sondern folgt einem Auf und Ab. In dem weiter unten folgenden Monatskalender erfahren Sie darüber mehr.

Karriere

Jupiter, das Gestirn, das Glück und Wohlstand bringt, steht bis Mai Ihrem Sternzeichen Waage gegenüber. Das führt dazu, dass Sie eine Aura des Erfolgs umgibt: Wo immer Sie beruflich tätig sind – in einem Laden, einer Werkzeugbank, einem Schalter, einer Bar –, Sie strahlen Vertrauen aus, und jeder arbeitet gerne mit Ihnen, beziehungsweise schließt vorzugsweise mit Ihnen Geschäfte ab. Planet Mars wiederum bestrahlt Ihre Privatsphäre. Je nach Alter, Geschmack, Einkommen und Vorlieben hilft er Ihnen beim „Häuschen Bauen", Wohnung einrichten, Renovieren, Heiraten, Familie gründen, Ruhestand sichern etc.

Ihre Mars-Chance

Mars ist ein anderes Wort für Gesundheit und Vitalität. Insofern hat jeder, egal welches Tierkreiszeichen er hat, im Jahr 2023 die besten Karten, um gesund zu bleiben, oder falls er bereits an etwas leidet, gesünder zu werden. Sie als Waage können die Kraft des Mars dadurch verstärken, indem Sie sich mehr bewegen. Stehen Sie eine halbe Stunde früher auf und rackern Sie sich dafür im Sportstudio ab: Sie werden es bestimmt nicht bereuen. Am schönsten aber wäre, wenn Sie sich dem Tanz verschreiben. Einer Waage ist es auf den Leib geschrieben, viel zu tanzen.

CHARAKTER	Anmutig, liebenswürdig
PERSÖNLICHES AUFTRETEN	Stilvoll, zuvorkommendt
FÜHLEN	Einfühlsam, harmonisch
STEIN	Saphir
TIER	Schmetterling
PFLANZE	Veilchen
BESTER TAG	Freitag

Januar

Erfolg Saturn, Venus und Mars flankieren Ihr Sternzeichen Waage. Mit anderen Worten, Sie können mit ihnen – und sie mit Ihnen. Mit diesem tollen, kosmischen Geschwader können Sie gleich zum Jahresanfang etwas zu Wege bringen und sich Lorbeeren verdienen. Jupiter befindet sich nämlich Ihrem Sternzeichen gegenüber im Widder. Da ist sogar möglich, dass Sie zu den Menschen gehören, denen Jupiter vielleicht sogar beim Glücksspiel die richtigen Zahlen einflüstert. Natürlich gibt es keine Garantie, aber warum es nicht ausprobieren?

Liebe Noch toller können sich die zuvor erwähnten Sterne in Ihrem Liebesleben verwirklichen. Ihre Affären sind süß und die dazugehörigen Partner charmant, sensibel, aber nicht klebend. Fazit: ein Liebesleben wie aus dem Bilderbuch.

Gut für Die Chancen auskosten.

Schlecht für davon ausgehen, dass Sie etwas geschenkt bekommen.

Die besten Sternenpartner: Löwe, Waage, Schütze

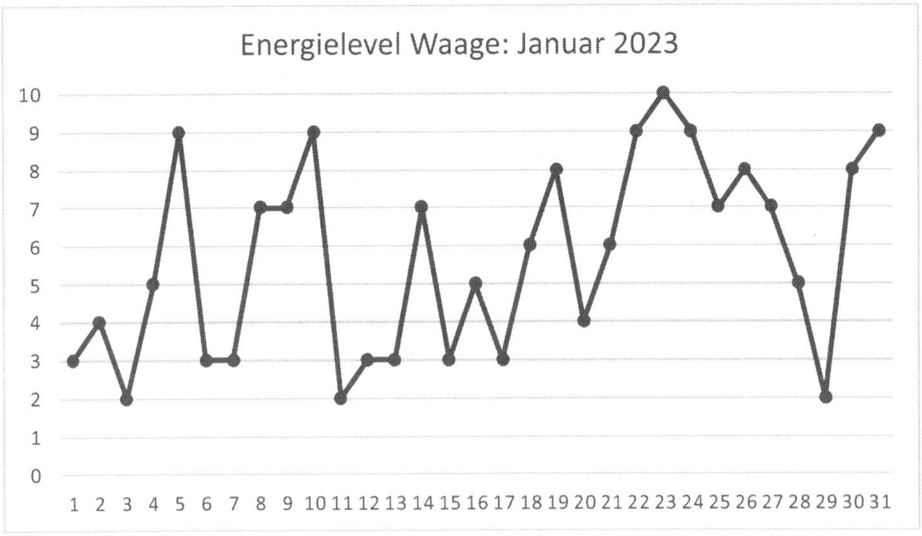

Februar

Erfolg Die Sonne steht im Wassermann. Da fasziniert Sie alles, was fremd, exotisch und ruhig auch ein bisschen verrückt ist. Gut möglich, dass Sie neue Freundschaften schließen. Vielleicht wagen Sie auch ein paar Styling-Experimente – neue Frisur, andere Klamotten. Auf der anderen Seite stößt Ihnen alles allzu Bekannte sauer auf.

Liebe Sind Sie gerade Single, winkt rund um den Vollmond am 5. Februar eine aufregende Begegnung – mit Option auf eine lange Zukunft. Ab der Monatsmitte sind Sie besonders wählerisch – auch was Ihren Partner angeht.

Gut für Viel Zeit für sich nehmen.

Schlecht für Gleichgültigkeit.

Die besten Sternenpartner: Wassermann, Löwe

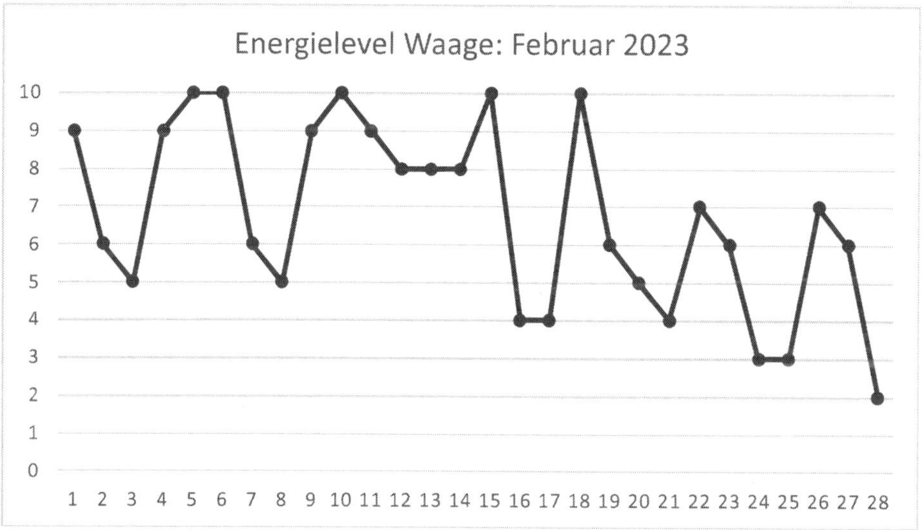

März

Erfolg Powerplanet Mars steht stark. Das kitzelt Ihre Lust auf Abwechslung wach. Alles Neue ist hochwillkommen. Stress im Office bleibt Ihnen trotzdem nicht erspart. Zum Ausgleich abends etwas anderes unternehmen, um den Frust abzuladen. Außerdem: am 23. März zieht Mars ein Zeichen weiter. Jetzt sollten Sie sich auf jeden Fall auch bei der Arbeit zurückhalten.

Liebe Was die Liebe angeht, brauchen Sie Geduld: Venus steht erst ab dem 19. des Monats günstig. Sie sendet Signale aus, sodass das Wesen, das zu Ihnen passt, weiß, dass Sie frei und bereit sind für eine Bindung. Auch in Ihrer Beziehung geht von Ihnen eine wunderbare Stimmung aus, die Ihren Partner bestimmt einfängt.

Gut für Grünes Licht für einen Vorstoß im Beruf.

Schlecht für Sich den Mut nehmen lassen.

Die besten Sternenpartner: Wassermann, Zwillinge, Schütze, Löwe

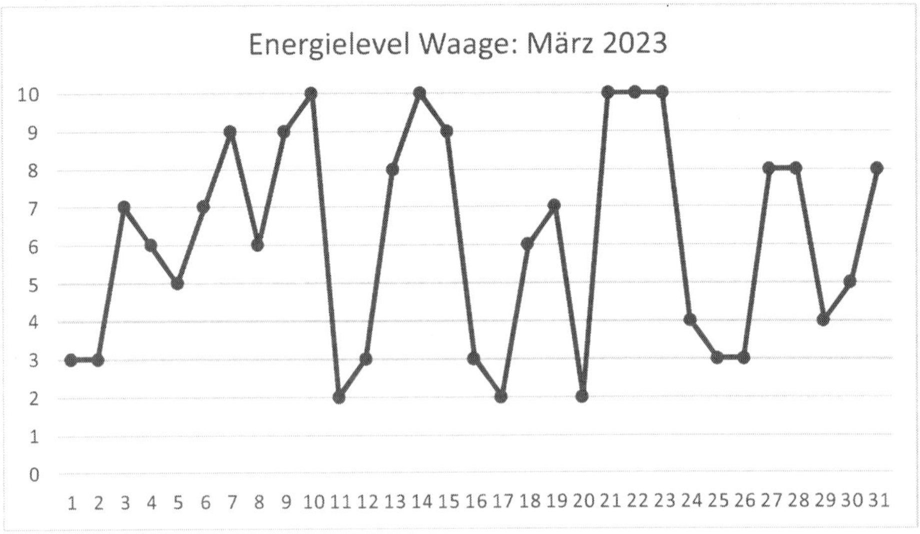

April

Erfolg Auf Ihre Karriere brauchen Sie keine Rücksicht zu nehmen. Merkur und Mars halten sich gerade anderswo auf und lassen Ihnen Zeit für die Liebe. Das Einzige, was sie Ihnen nahe legen ist, sich um Ihre Gesundheit zu kümmern. Jetzt sind gesundes Essen und viel Bewegung an der frischen Luft wahre Wundermittel. Da auch Jupiter eine gute Position einnimmt, könnten Sie sich auch vermehrt um ihr seelisches Wohlbefinden kümmern. Am schönsten wäre natürlich, wenn Sie täglich ein Stündchen meditieren. Aber auch draußen in der Natur sein bringt Sie Kontakt mit Ihrer Seele.

Liebe Ab der Monatsmitte befinden sich Venus in einer Superposition. Richten Sie es so ein, dass Sie viel Zeit für die Liebe haben und verabreden Sie sich mit den nettesten Leuten, die Sie kennen.

Gut für An sich selber glauben.

Schlecht für Den Mut verlieren.

Die besten Sternenpartner: Wassermann, Löwe, Widder

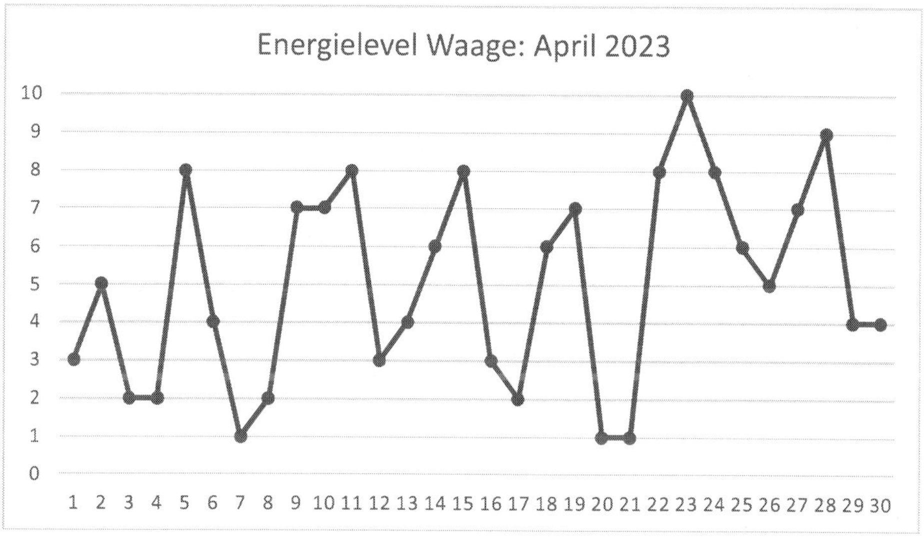

Mai

Erfolg Wahrscheinlich finden Sie auch, dass es in Ihrem Beruf besser laufen könnte. Irgendwie kommen Sie nicht richtig zum Zuge. Insofern wäre es eigentlich am besten, Sie würden im Mai in die Ferien gehen, sich entspannen und das Leben, so gut es eben geht, genießen.

Liebe Gut möglich, dass Ihnen jetzt etwas fehlt, nämlich Zärtlichkeit, Liebe und die Nähe zu jemandem, den Sie gernhaben. Vielleicht fühlen Sie sich zwischendurch auch schrecklich allein. Venus sorgt für solche Gefühle. Sie befinden sich in allermeister Zeit des Monats Mai in einer für Sie ungünstigen Position. Aber von Unglück steht nichts in Ihren Sternen. Der Mai ist ein wunderbarer Monat und sie, eine Waage, finden die Natur voller Wunder.

Gut für Neues Lebensgefühl.

Schlecht für Nicht an das Gute glauben, pessimistisch sein, resignieren.

Die besten Sternenpartner: Wassermann, Löwe

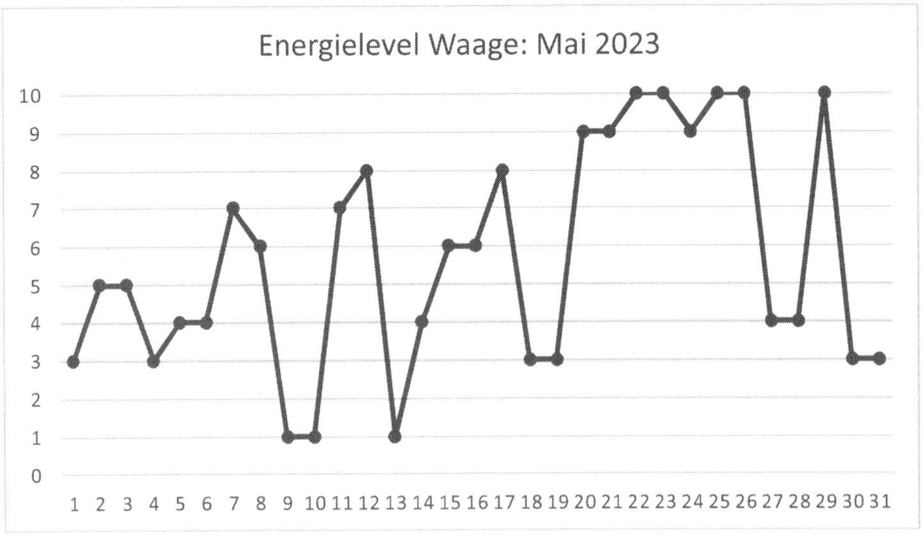

Juni

Erfolg Was Ihre Karriere angeht, können Sie Ihren Geist fliegen lassen und tolle, neue Ideen ausprobieren. Mars verleitet Ihnen Schwung. Warten Sie aber bis zum 11. des Monats. Dann bezieht auch Merkur eine Superposition. Jetzt sind Sie wie ein Licht für jede Gemeinschaft. Das führt unter Umständen dazu, dass man Ihnen einen verantwortungsvolleren Job anbietet.

Liebe Die Liebe macht in der ersten Woche des Monats Juni Pause. Aber nur, um Kraft zu sammeln. Denn danach herrscht Sturm in Ihrem Liebesleben. Venus macht Sie attraktiv und begehrenswert. Da ist sozusagen die halbe Welt hinter Ihnen her. Sie können ihren Einfluss sogar noch enorm verstärken. Das geht folgendermaßen: wenn Sie morgens aufwachen, sagen Sie zu sich: „Heute ist dir der Liebesplanet Venus ganz nah!"

Gut für Gesundheit.

Schlecht für Sich nicht mit der Vergangenheit beschäftigen. Sich verschließen.

Die besten Sternenpartner: Löwe, Zwillinge, Schütze

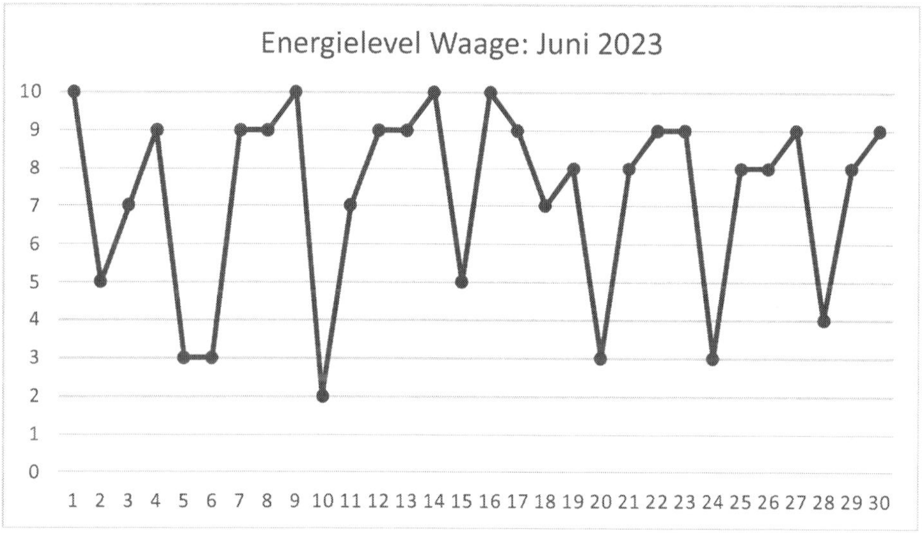

Juli

Erfolg Merkur sorgt ab dem 11. für starke Aussichten im Beruf und federt sämtliche Probleme ab: Die Karriere rennt. Ihr Herrscherplanet Mars ist jetzt Dauergast. Sollte Sie jetzt in den Urlaub fahren, begleitet er Sie und sorgt für viel Spaß und noch mehr Lust.

Liebe Venus steht im freundlichen Sextil zu Ihrem Sternzeichen, reicht Ihnen also die Hand. Da vergeht kein Tag ohne verliebte Augenblicke. Vielleicht begegnen Sie jetzt auch dem Menschen, der schon seit vielen Leben mit Ihnen verbunden ist. Da Ihnen in den ersten drei Wochen auch der Mond sehr nahe ist, können diejenigen unter Ihnen, die der Liebe ein festes Fundament schenken möchten, zum Beispiel einen Hochzeitstermin planen. Auch der Wunsch nach einem Kind geht jetzt leichter in Erfüllung.

Gut für Liebe, die glücklich macht.

Schlecht für Zu kritisch sein.

Die besten Sternenpartner: Löwe

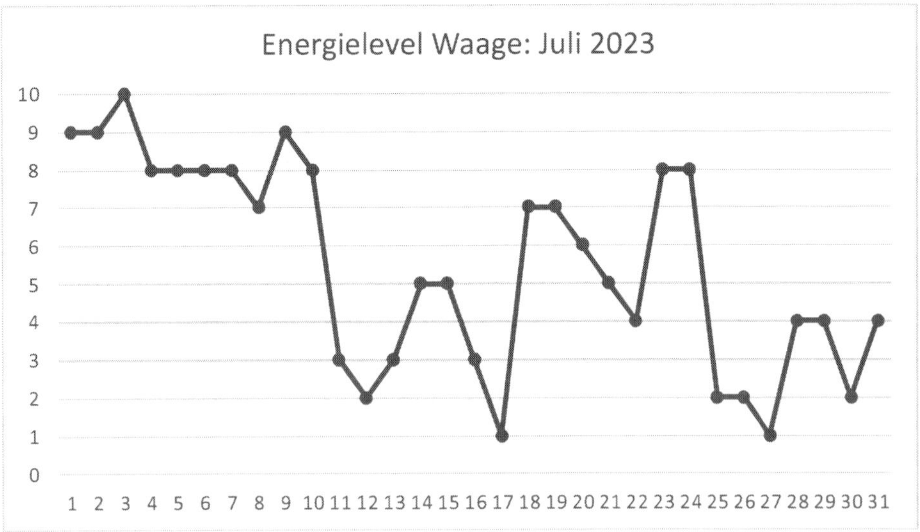

August

Erfolg Ihre Karriere-Sterne nehmen ebenfalls wieder Schwung auf und zwar ab dem 14. des Monats. Die Siegesserie, die im Juli begonnen hat, setzt sich jetzt fort. Sie können davon ausgehen, dass man Sie großartig unterstützt.

Liebe Liebesplanet Venus bleibt in seiner tollen Position des Vormonates. Danach müssen Sie allerdings mit Problemen rechnen. Wenn es schlimm kommt, wackelt sogar der Beziehungsfriede. Aber – das ist ganz wichtig! – Sie dürfen jetzt nicht zweifeln. Es wird bald wieder besser. Was Ihnen hilft, ist ihr Tierkreiszeichen Emblem, die Waage. Wenn Sie Zeit haben, sollten Sie sich in einem bequemen Sessel setzen, die Arme ausbreiten und sich vorstellen, Sie wären selber eine Waage.

Gut für Glück.

Schlecht für Maßlos sein.

Die besten Sternenpartner: Wassermann, Widder, Löwe

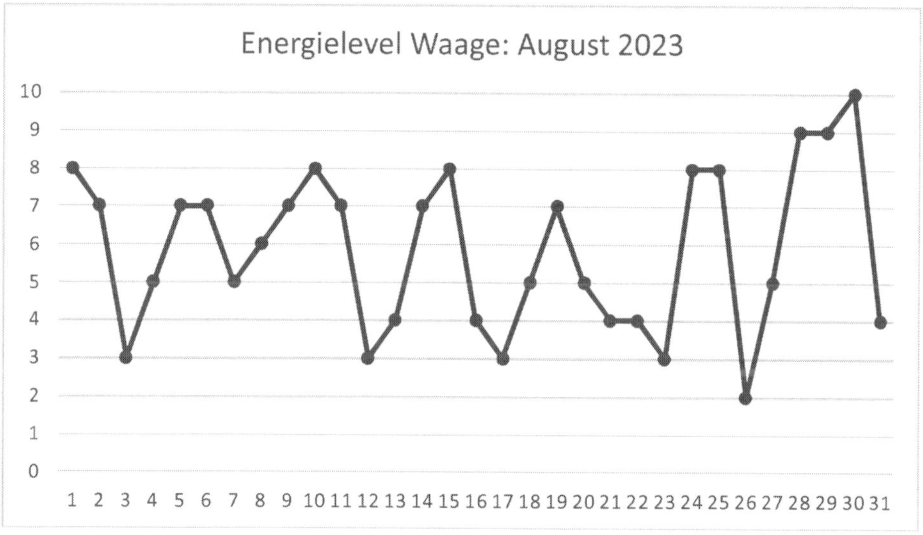

September

Erfolg Zwar läuft Merkur rückwärts und das auch noch in einem für Sie ungünstigen Sternzeichen, aber trotzdem wird der September ein starker Monat. Der Grund: Mars bezieht in Ihrem Sternzeichen Position. Das merken Sie daran, dass es leichter, schöner und angenehmer wird. Gut, in Ihrem Beruf müssen Sie sich anstrengen, aber dafür erfüllen sich im Zwischenmenschlichen Wünsche, an die Sie schon gar nicht mehr geglaubt haben.

Liebe Die Liebe ist so schön wie schon seit ewigen Zeiten nicht mehr. Schuld daran ist Venus, die sich vorgenommen hat, Ihre sämtlichen Vorzüge noch stärker herauskommen zu lassen. Man wird Sie bewundern.

Gut für Zukunftsplanung.

Schlecht für Pessimismus.

Die besten Sternenpartner: Löwe, Wassermann

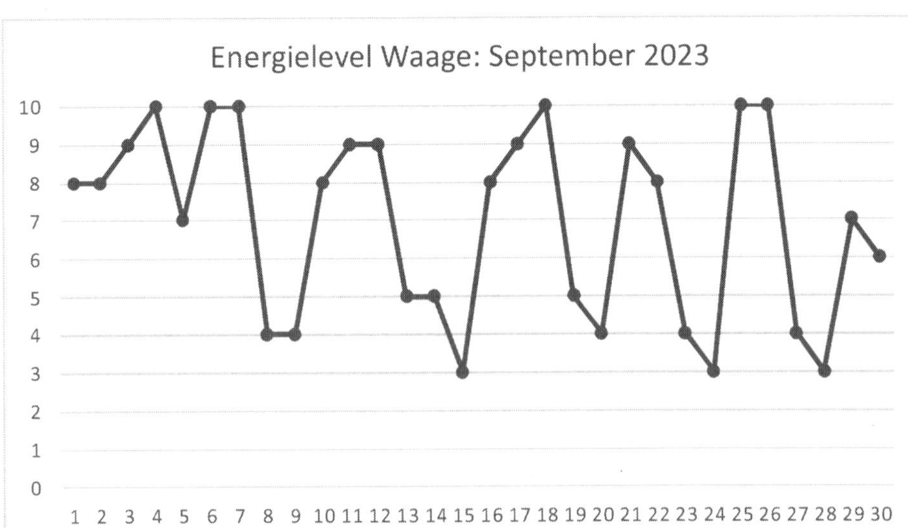

Oktober

Erfolg Merkur bezieht eine ausgesprochen günstige Position. Das ist ein deutlicher Hinweis, sich jetzt voll und ganz um Ihre Karriere zu kümmern. Sie sind bereits in Rente? Dann sind Sie gut beraten, sich umzusehen: Sie machen sich keinen Gefallen, wenn Sie Ihre Tage nicht mit etwas Sinnvollem ausfüllen. Ab der Monatsmitte auf Ihre Gesundheit achten. Könnte sein, dass Sie sich zu viel zumuten.

Liebe Venus steht ab dem 9. Oktober ungünstig, Sie dürfen also nicht auf spektakuläre Erlebnisse im Zwischenmenschlichen hoffen. Aber Sie können sich verstärkt um sich selbst kümmern. Nehmen Sie sich vor, Ihre ganze Liebe Ihnen selbst zukommen zu lassen. Versorgen Sie Ihren Körper mit guten Cremes und ernähren Sie sich sehr gesund.

Gut für Guter Durchblick in einer wichtigen Sache

Schlecht für Undankbarkeit.

Die besten Sternenpartner: Löwe, Waage

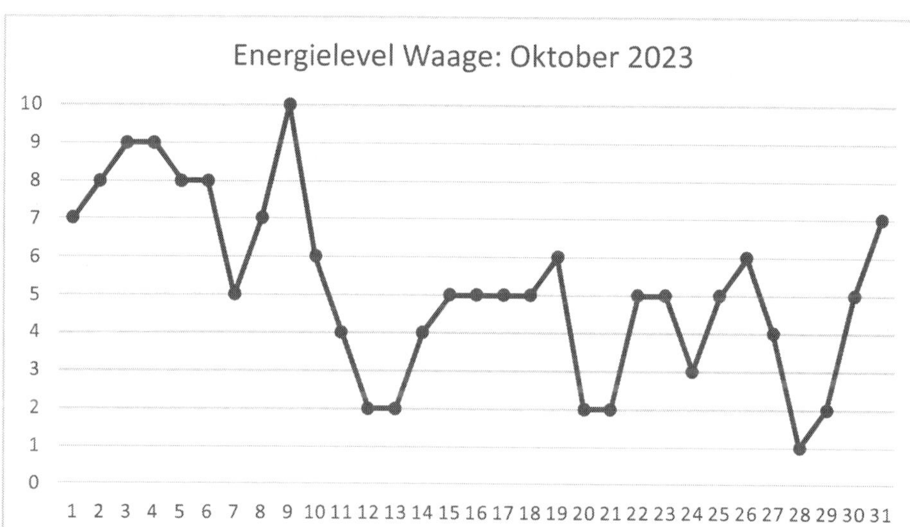

November

Erfolg Bis zum 10. November wird es ein bisschen mühsam. Aber dann bezieht Mars eine großartige Position in Ihrem Sternzeichen. Damit beginnen Ihre besten zwei Wochen für Ihre Karriere, denn die Sterne werden Ihnen gemeinsam zu einem Erfolg verhelfen.

Liebe Die Liebe stößt am 2. November zu Ihnen und hat eine Überraschung dabei: Jemand, der schon lange auf Ihrer Beliebtheitsskala ganz oben steht, öffnet sein Herz für Sie. Auf Ihre Gesundheit müssen Sie aufpassen, denn Jupiter steht den ganzen Monat über ungünstig.

Gut für Familiengründung.

Schlecht für Langeweile.

Die besten Sternenpartner: Skorpion, Fische, Wassermann

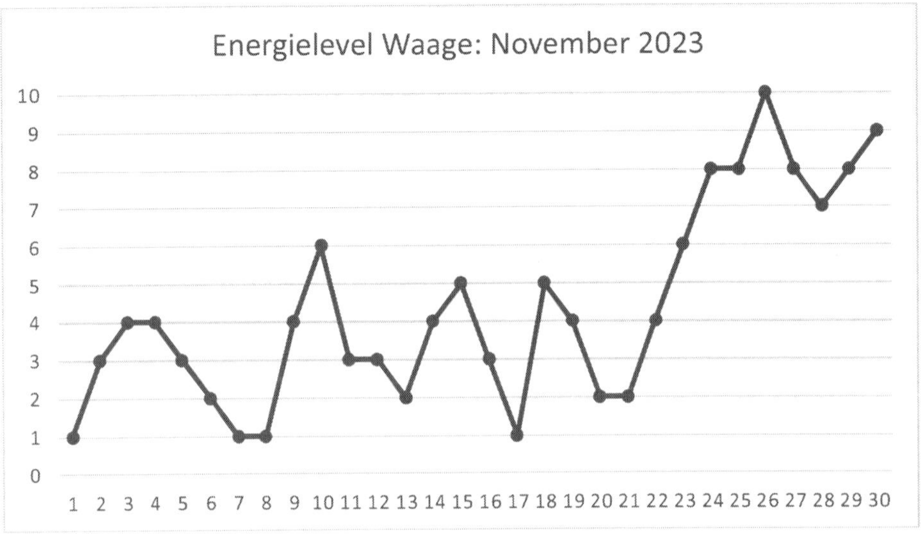

WAAGE: IHRE GANZ PERSÖNLICHEN STERNE IM

Dezember

Erfolg Merkur läuft ab der Monatsmitte rückwärts. Das bremst Sie. Legen Sie sich mit niemandem an. Treffen Sie keine wichtigen Entscheidungen und unterlassen Sie auch größere Anschaffungen. Richtig hingegen ist, wenn Sie sich Gedanken über Ihre Zukunft im kommenden Jahr machen. Vielleicht gibt es auch etwas, was Sie nachbessern müssen.

Liebe Bis zum 24., also bis Heiligabend, steht Mars in einer Superposition. Das ist eine Garantie, dass Sie vom Weihnachtsgeschäft profitieren. Dass es dann ruhiger wird, kann Ihnen nur recht sein. Jetzt können Sie sich sorglos entspannen und ganz sich selbst zuwenden. Zelebrieren Sie das Jahresfinale so, dass Sie sich nur darum kümmern, es sich selbst gut gehen zu lassen.

Gut für große Zufriedenheit.

Schlecht für Mangelnde Bescheidenheit.

Die besten Sternenpartner: Wassermann

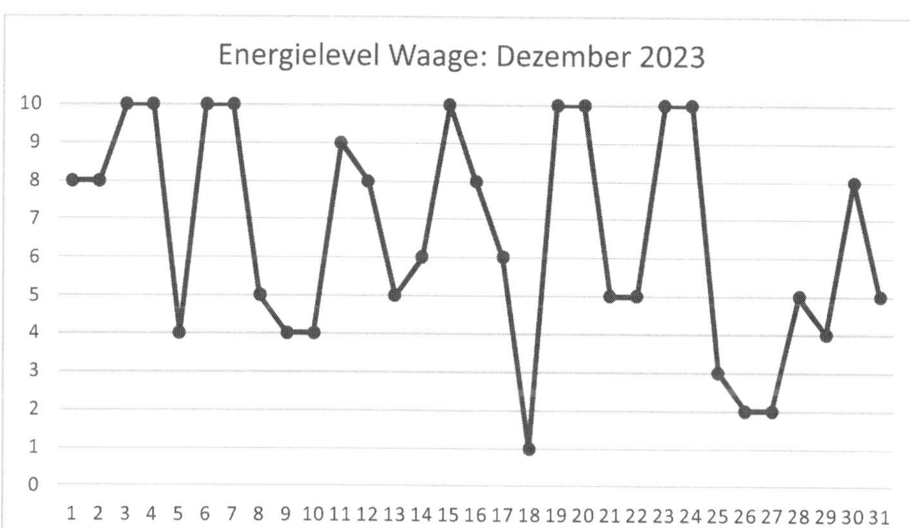

SKORPION

(24. Oktober bis 22. November)

Der Herrscherplanet des Jahres 2023 heißt Mars. Er ist Ihr persönlicher Freund und neben Pluto der Gebieter Ihres Tierkreiszeichens Skorpion, sozusagen Ihr Schutzengel. Er wird Sie durch das Jahr begleiten und Ihnen richtige Wege zeigen – solche zum Erfolg, zum Glück, zur Liebe und zu mehr Zufriedenheit. Auch viele der wichtigsten anderen Planeten – Saturn, Uranus und Pluto – stehen das ganze Jahr auf Ihrer Seite.

Und sogar auf Jupiter, den Planeten, der Ihnen das Glück bringt, können Sie zählen. Damit finden Sie das schönste und vollkommene Glück zu Hause in Ihren vier Wänden, beziehungsweise an Orten, die Ihnen vertraut sind. Außerdem lieben Sie Ihre Familie beziehungsweise wollen, wenn Sie im entsprechenden Alter sind, selber eine Familie gründen. Wer in den Hafen der Ehe segeln möchte, sollte das dieses Jahr tun. Da kann man mit einer guten Zukunft rechnen.

Müssen Sie denn in einem so fantastischen Jahr mit Krisen rechnen? Ja, aber nicht, weil sich die Sterne gegen Sie richten, sondern weil Sie der Übermut packt. Es gibt 2023 Zeiten, da kommen Sie auf den Höhenflug. Das bedeutet, dass Sie egoistisch werden. Sie neigen auch gelegentlich zu kolossalen Übertreibungen, was dazu führt, dass Sie unglaubwürdig werden. Im Juni zum Beispiel müssen Sie aufpassen, wenn Mars durch das Zeichen Löwe schreitet. Und auch im November ist eine kritische Zeit. Da zieht Mars durch Ihr Sternzeichen Skorpion, was dazu führen kann, unglaublich rechthaberisch zu werden.

Liebe

Planet Mars, Dirigent des neuen Jahres, weckt große - um nicht zu sagen - tierische Lust. Sie werden all das erleben, was Liebe ausmacht: Sich kennenlernen, flirten, der erste Kuss, die erste gemeinsame Nacht, Leidenschaft, Sex ... Es wird auch gar nicht ausbleiben, dass Sie sich fest verbinden. Ja, viele von Ihnen werden heiraten und eine Familie gründen. Das alles gilt für die Solisten unter

Ihnen. Wenn Sie aber schon in einer festen Beziehung leben, kommen Sie ebenfalls voll in den Genuss von Mars. Wenn Ihre Liebe aber nichts mehr taugt, Ihr Partner dicht gemacht hat, dann sollten Sie Ihre tollen Chancen 2023 nutzen, Schluss machen und einen neuen Partner suchen.

Karriere

Es wurde schon gesagt, dass Mars das Jahr regiert, und Sie daher von vorneherein die besseren Karten haben. Auch viele andere Planeten befinden sich auf Ihrer Seite. Lediglich Jupiter steht in der ersten Jahreshälfte in Spannung zu Ihrer Geburtssonne ein. Das sollte Ihnen ein Zeichen sein, wichtige berufliche Entscheidungen genau zu überlegen und abzuwägen, denn mit Jupiter in dieser Position macht man leicht Fehler. Wichtig ist jetzt noch Uranus. Er befindet sich das ganze Jahr über Ihrem Sternzeichen Skorpion ganz genau gegenüber im Tierkreiszeichen Stier. Das verlangt die Bereitschaft zu Veränderungen. Das kann sich auf alles beziehen, auf Ihre berufliche Tätigkeit, Ihre Partnerschaft, Ihre Freunde. Da dürfen Sie nicht auf stur schalten, sondern müssen versuchen, Veränderungen positiv zu nehmen. Dafür ebnen Ihnen die anderen Sterne – Saturn, Pluto und Neptun – den Weg für ein erfolgreiches Auftreten. Sie sind glaubhaft, Sie blicken durch, Sie wissen eine Menge. Was jetzt noch fehlt, ist Ihr Engagement, Ihre Überzeugung, dass Sie es schaffen. Diese Selbstgewissheit, sehr verehrter Skorpion, kann Ihnen niemand anders geben als Sie selbst. Das Jahr 2023 wurde für Sie gemacht. Machen Sie jetzt umgekehrt das Beste aus diesem Jahr!

Ihre Mars-Chance

Dieses Mars-Jahr schenkt Ihnen Gesundheit und Vitalität und hüllt Sie in einen Mantel der Sicherheit, so dass Ihnen nichts passieren kann: kaum ein Virus, erst recht kein Missgeschick kann diesen Schutzmantel durchdringen. Der Gang zum Arzt wird überflüssig sein. Und sogar das versprechen die Sterne: Wenn Sie ein chronisches Leiden haben, wird es im Jahr 2023 – dank Mars, Neptun, Saturn und Pluto zumindest kleiner und erträglicher werden. Allerdings besteht Mars darauf (vor allem, wenn Sie nicht mehr zu den Jüngsten zählen), gesund zu leben. Was immer Sie Ihrem Körper jetzt Falsches antun, rächt sich.

CHARAKTER	Mutig, furchtlos, entschlossen
PERSÖNLICHES AUFTRETEN	Energisch, kraftvoll, mysteriös
FÜHLEN	Leidenschaftlich, tief
STEIN	Jaspis
TIER	Panther
PFLANZE	Lotus
BESTER TAG	Dienstag

Januar

🏆 ***Erfolg*** Das neue Jahr beginnt, wie das alte aufgehört hat. Am stärksten stehen Sonne und Pluto im Steinbock, Uranus im Stier und Neptun im Zeichen Fische. Zusammen ergibt das keine Mannschaft, die Sie jetzt zur Spitze schiebt. Aber schwächeln werden Sie mit diesen Sternen ganz bestimmt auch nicht. Stimmen Sie sich auf das neue Jahr ein.

❤ ***Liebe*** Für die Liebe hat der Januar noch weniger zu bieten als für Ihre Karriere. Von den Sternen, die für das Zwischenmenschliche zuständig sind, Mars und Venus, ist weit und breit nichts zu sehen. Das bedeutet: kein positiver Einfluss vom Himmel. Aber zum Trost, es gibt auch nichts Unangenehmes zu melden. Machen Sie es sich gemütlich mit Ihrem Partner – und wenn Sie gerade alleine sind, dann erst recht.

👍 ***Gut für*** Mehr Nähe im Liebesleben.

☹ ***Schlecht für*** Sich gehen lassen.

★ ***Die besten Sternenpartner***: Fische, Krebs, Skorpion

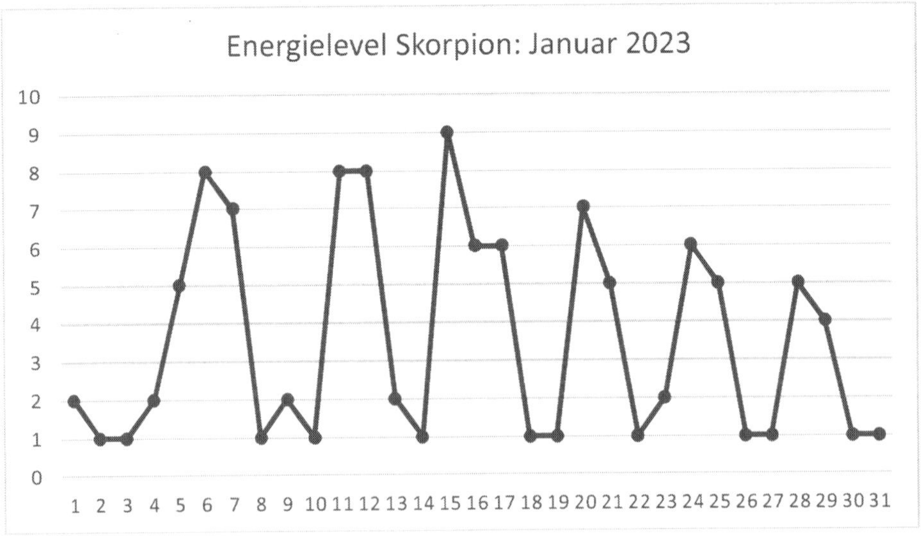

Februar

Erfolg: Könnte sein, dass Sie sich fragen, wo denn nun der Glückssegen von Jupiter bleibt. Sehen Sie es so, dass Sie Zeit brauchen. Mars befindet sich in einer ungünstigen Position. Da dürfen Sie nicht zu viel erwarten. Passen Sie auch ein bisschen auf Ihre Gesundheit auf. Mit diesem Mars verlangt man schnell zu viel von seinem Körper.

Liebe Der Liebesplanet Venus umarmt Ihr Sternzeichen. Das führt automatisch dazu, dass Sie auch jemand umarmt, und bestimmt bleibt es nicht dabei. Insbesondere bewirkt der Februar bei eingeschlafenen Beziehungen wahre Wunder.

Gut für Etwas Neues ausprobieren und ruhig dabei etwas riskieren.

Schlecht für Immer das gleiche machen.

Die besten Sternenpartner: Fische, Jungfrau, Steinbock

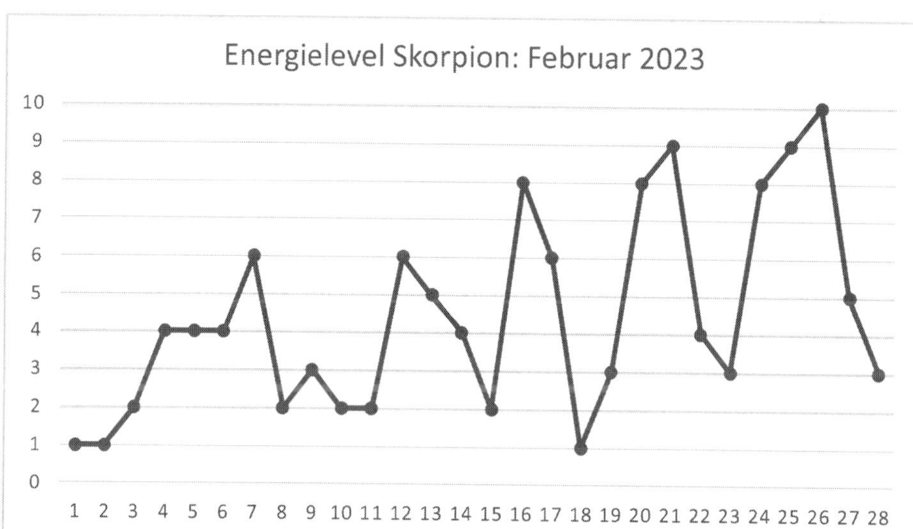

März

Erfolg Die Aussichten im Job sind nicht schlecht, denn Merkur verhilft Ihnen zu wichtigen Informationen. Aber richtig Lust auf einen Erfolg bekommen Sie erst, wenn Mars eine günstige Position zu Ihrem Sternzeichen bezieht, und das ist am 25. der Fall. Zuvor ist sogar Leichtsinn angesagt. Wenn Sie Ihre Blauäugigkeit nicht ablegen, kann es Ihnen wie jenem berühmten Hans im Glück in Grimms Märchen ergehen: Zum Schluss gehört Ihnen nichts weiter als .... nichts.

Liebe Das Beziehungskarussell dreht sich bis zur Monatsmitte ohne Sie. Aber dafür wird es anschließend aufregend: Ein Außenseiter aus Ihrem Bekanntenkreis avanciert plötzlich zum Herzblatt unter Ihren Verehrern, bzw. Verehrerinnen. Auch sich mit Freunden treffen macht jetzt viel Freude. In der letzten Märzwoche dreht sich alles um das Thema „Liebe".

Gut für Geschäfte.

Schlecht für Leichtgläubigkeit, Kindlichkeit.

Die besten Sternenpartner: Stier, Jungfrau, Skorpion, Fische, Krebs

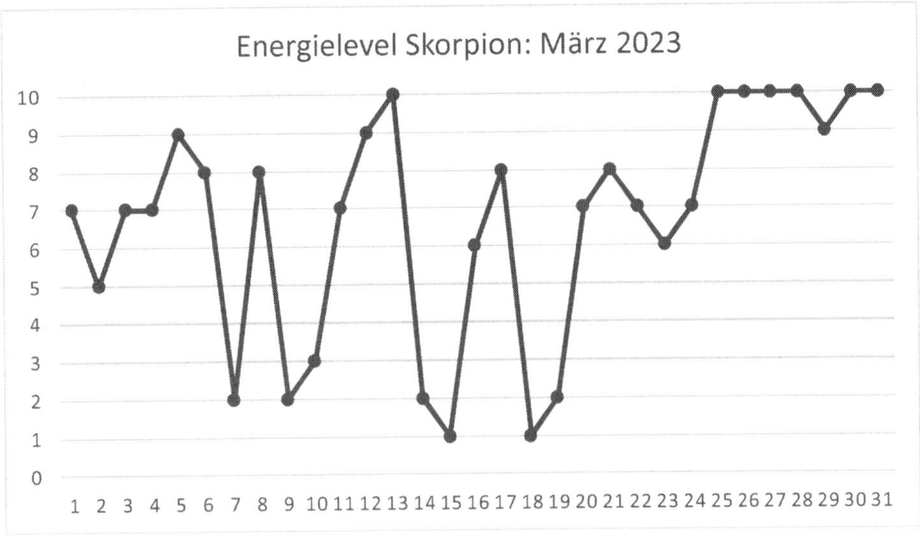

April

Erfolg Mars logiert in einem positiven Abstand zu Ihrem Sternzeichen. Das macht Sie ausdauernd und schnell. Genau richtig, wenn Sie sich jetzt verstärkt um Ihre Karriere kümmern. Aber nehmen Sie jetzt die Zeit auch als Chance, sich wieder einmal zu fragen, was wichtig ist. Jeden Tag ein Stündchen meditieren, hilft Ihnen, sich auf die Zeit einzustimmen. Bald haben Sie nämlich ein ganzes Geschwader von positiven Planeten auf Ihrer Seite. Das „riecht" regelrecht nach Erfolg.

Liebe Gute Chancen für die Liebe gibt es auch, denn auch Venus bezieht in der ersten Aprilwoche eine wunderbare Position zu Ihrem Sternzeichen. Das weckt Liebesmagie. Der Himmel will Sie glücklich machen. Danach sind die Paare im Vorteil, die auch ohne große erotische „Gymnastik" zufrieden sind.

Gut für Tolle Erfahrungen im Zwischenmenschlichen.

Schlecht für Sich gehen lassen.

Die besten Sternenpartner: Steinbock

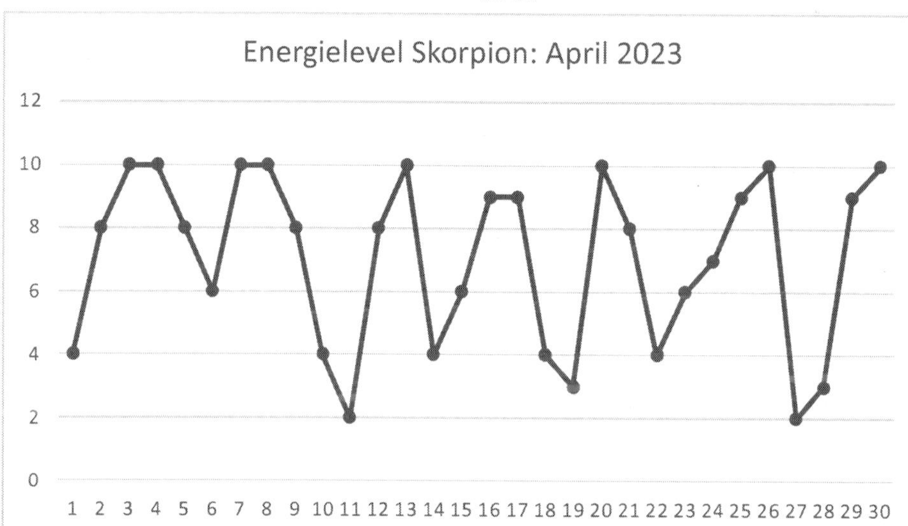

Mai

Erfolg Ihre besten Zeiten für Ihre Karriere sind erst Ende des Monats. Bis zum 15. Mai läuft Merkur rückwärts. Dann müssen Sie aufpassen, dass sie keine Fehler machen und beim Spekulieren auf einen falschen Posten setzen. Dann folgt eine Woche, in der Mars Sie unterstützt. Vielleicht haben Sie etwas Wichtiges vor.

Liebe Venus und Mars stehen so günstig zu Ihrem Sternzeichen, dass Ihre Trefferquote beim Flirten und Anbandeln in die Höhe schnellen. Besonders ergiebig sind Blinddates, die Ihre Freunde arrangieren und Partnersuche im Internet. Aber Sie müssen kreativ werden, gemeinsam etwas unternehmen, was Sie nicht jeden Tag machen. Je mehr Action dabei ist, umso mehr Lust und Freude kommen auf.

Gut für Sich etwas einfallen lassen, was andere überrascht.

Schlecht für Sich zurückziehen, wenn etwas nicht gleich klappt.

Die besten Sternenpartner: Fische, Krebs, Skorpion, Jungfrau

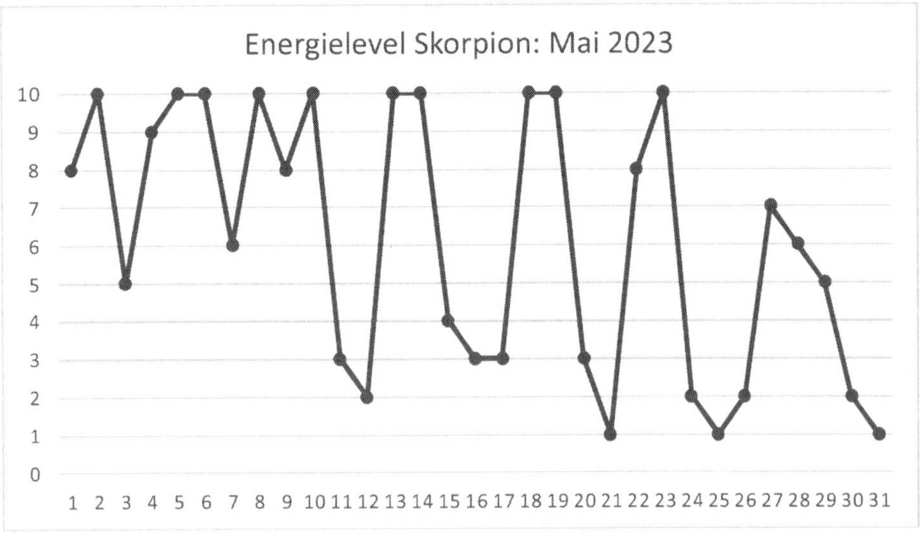

SKORPION: IHRE GANZ PERSÖNLICHEN STERNE IM

Juni

🏆 ***Erfolg*** Das wichtigste Ereignis im Juni betrifft: Jupiter, den Glücksplaneten. Er bezieht eine neue Position und steht damit Ihrem Sternzeichen gegenüber. Ab sofort sind Sie bei allem, was Sie unternehmen, näher dran am Glück. Natürlich regnet es nicht gleich Geldscheine vom Himmel, aber dass Sie in Bälde feststellen, dass es Ihnen besser geht, das ist sicher.

❤ ***Liebe*** Der Juni weckt bei Ihnen die Sehnsucht nach einer stimmigen Beziehung. Da wie gesagt Planet Jupiter jetzt glücklich steht, ist es gar nicht so unwahrscheinlich, dass Ihr Wunsch in Erfüllung geht. Dann wird die Liebe ein Fest. Sie werden sehr glücklich sein.

👍 ***Gut für*** Erfolg in einer wichtigen Sache.

☹ ***Schlecht für*** Sich verstellen, jemand anderes sein wollen.

★ ***Die besten Sternenpartner***: Fische, Krebs, Skorpion

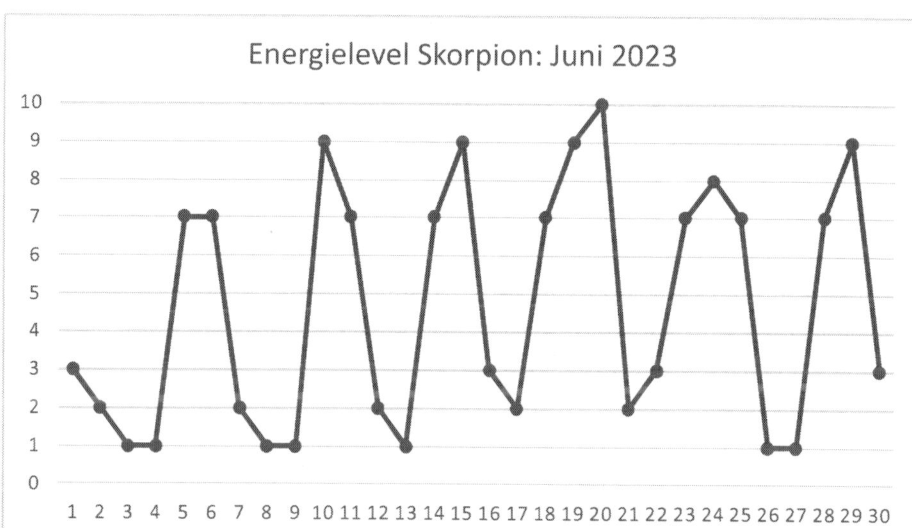

Juli

Erfolg Merkur setzt Sie unter Druck. Von Venus ist leider auch nicht viel zu erwarten. Aber es gibt eine kosmische Kraft, die Ihnen hilfreich unter die Arme greift, nämlich der Herrscher des Jahres, Mars. Von Jupiter bekommen Sie sogar noch mehr Schwung. Er trägt in der Astrologie den Namen „Glücksplanet". Mal sehen, was er Ihnen bringt.

Liebe Im Juli müssen Sie weitgehend ohne Liebe auskommen. Was bedeutet das? Zuerst einmal sollen Sie aufhören, nach ihr zu suchen. Des Weiteren sollen Sie der Wahrheit ins Auge blicken, dass Sie ohne weiteres auch ohne Partner glücklich sind. Sie sind sogar das Sternzeichen, das allein mindestens genauso glücklich ist wie in einer Partnerschaft. Verschenken Sie sich nicht um jeden Preis. Sie sind etwas wert.

Gut für Sich gleich am Morgen gut zureden

Schlecht für Etwas Wichtiges übersehen.

Die besten Sternenpartner: Fische, Stier, Jungfrau

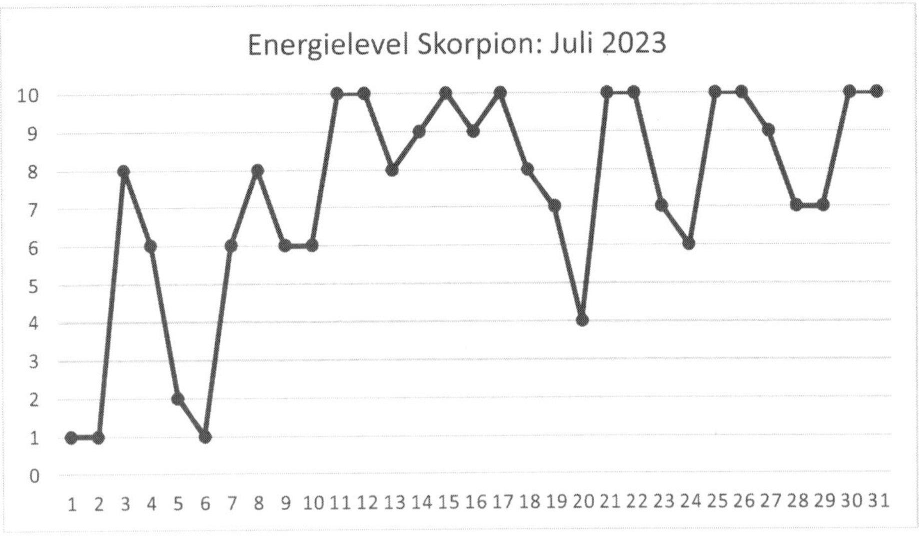

August

Erfolg Sie müssen gegen rückläufige Merkur und Venus antreten. Dass bedeutet, dass Sie sich in Ihrem Beruf keine Schnitzer erlauben dürfen. Außerdem rüttelt das Fernweh heftig an Ihnen. Wenn Sie nicht zu den ganz Glücklichen gehören und in den nächsten Flieger steigen können, sollten Sie wenigstens viel durch die Gegend ziehen und im Internet schon mal die nächsten Reiseziele anpeilen.

Liebe Auch im Beziehungsalltag gibt es manchmal Routine. Sie bedeutet, dass man ein Team bildet, das sich ergänzt und unterstützt, aber einander weitgehend in Ruhe lässt. Mit anderen Worten, von erotischen Abenteuern steht im August nichts in Ihrem Horoskop. Mars steht allerdings recht herausfordernd. Es könnte sein, dass die Singles unter Ihnen doch ein erotisches Abenteuer erleben, das aber keine größeren Folgen hat.

Gut für Erfolg, Geld Und Liebe.

Schlecht für Am Glück zweifeln, nichts unternehmen.

Die besten Sternenpartner: Jungfrau, Skorpion, Krebs

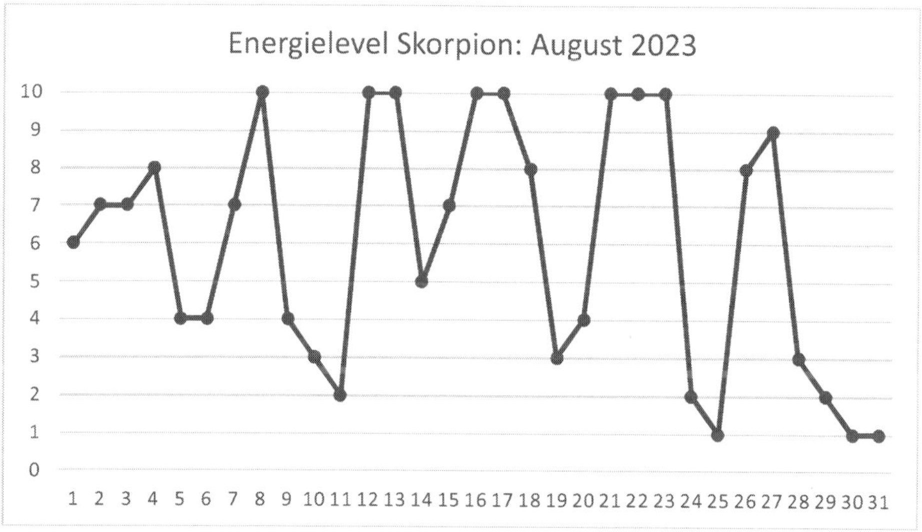

September

Erfolg Sie müssen im September mit Problemen rechnen. Es wird Ihnen nichts geschenkt. Merkur steht ungünstig und läuft ab dem 13. rückwärts. Auch der Herrscherplanet des Jahres, Mars, bezieht eine ungünstige Position. Doch jede Verzögerung, jede Attacke, die Sie einstecken müssen, ist eine Übung, die Sie härter, robuster und fitter macht. Daher: Nicht aufgeben und dranbleiben!

Liebe Zum Ausgleich für Ihr aufreibendes Leben, bekommen Sie zum Feierabend und an den Wochenenden Besuch vom Merkur und Jupiter: Sie sind zufrieden. Besonders glücklich macht Sie jetzt auch eine Reise, durchaus auch zu zweit. Allerdings geht es dann mehr darum, zu entspannen bzw. sich neue Eindrücke einzuverleiben. Sex und Erotik spielen im Moment nicht die erste Geige.

Gut für Was Ihnen am Herzen liegt, vollenden.

Schlecht für Bequemlichkeit.

Die besten Sternenpartner: Stier, Jungfrau, Steinbock, Skorpion, Krebs.

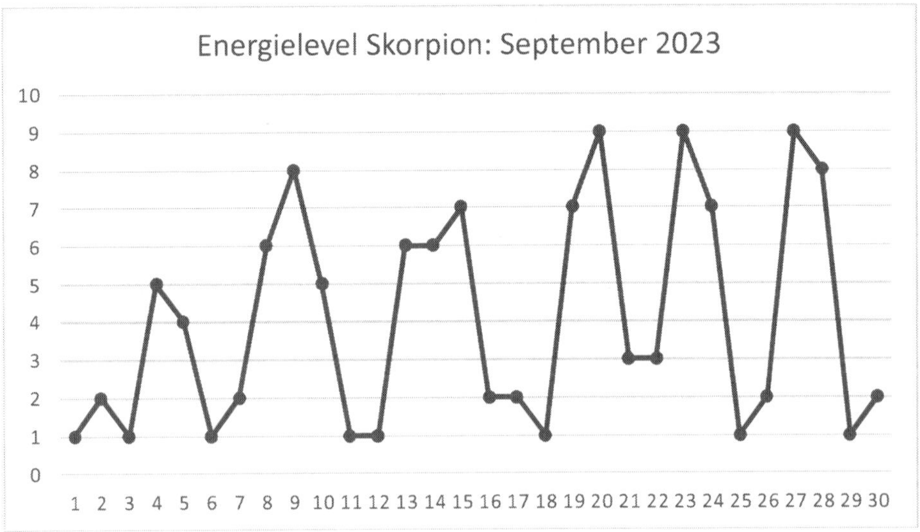

Oktober

Erfolg Sie haben den Glücksplaneten Jupiter nah, Venus (ab dem 9.) und Mars (ab dem 12.) unterstützen Sie. Außerdem stehen Uranus, Neptun und Pluto auf Ihrer Seite. Das hilft Ihnen, Ihr Leben auf solide Fundamente zu stellen. Wie viele Träume haben Sie in Ihrem bisherigen Leben schon geträumt – und wieder begraben? Träume sind Schäume! Das ist doch beinahe so etwas wie ein Markenzeichen von Ihnen geworden. Im Oktober werden Ihre Träume wahr.

Liebe Schauen Sie sich um und geben Sie sich sehr offen! Denn am 12. des Monats betritt Mars Ihr Sternzeichen Skorpion. Dieser Planet gilt in der Astrologie als großer Verführer. Aus Sicht der Sterne begegnen Sie jetzt einem Wesen, das Sie auf ganz andere Gedanken bringt und Sie glücklich macht. Vielleicht wird daraus sogar eine wunderbare Partnerschaft.

Gut für Erfolgreicher und glücklicher November.

Schlecht für Undankbar und unzufrieden sein.

Die besten Sternenpartner: Krebs, Jungfrau, Skorpion

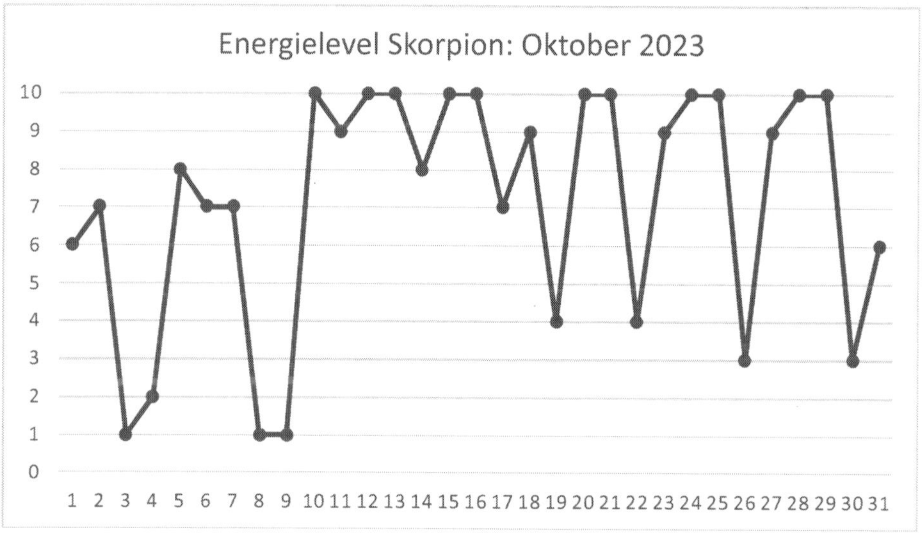

November

Erfolg Die Sonne und Mars beziehen eine optimale Position zu Ihrem Sternzeichen und sorgen dafür, dass das Geld in Ihre Richtung fließt. Uranus kümmert sich darum, dass Sie sich eine Idee zu nutzen machen und davon profitieren. Neptun sorgt für ein angenehmes Gefühlsleben, und Pluto bleibt in einer günstigen Position. Saturn hilft Ihnen, immer das Richtige zu tun und sich nicht zu verzetteln. Planet Mars steht in Ihrem Sternzeichen, was Ihnen große Kraft verleiht. Also es sieht wirklich nach einem erfolgreichen und glücklichen Monat aus.

Liebe Wie schaut es mit der Liebe aus? Von gelegentlichen netten Kontakten einmal abgesehen ist im November Funkstille. Höchstens in der ersten Woche verspricht Venus Chancen auf ein Liebes-Abenteuer. Danach können Sie Ihre ganze Energie Ihrer Karriere zukommen lassen.

Gut für Schutz vor Gefahren.

Schlecht für An sich selber glauben

Die besten Sternenpartner: Stier, Krebs, Fische

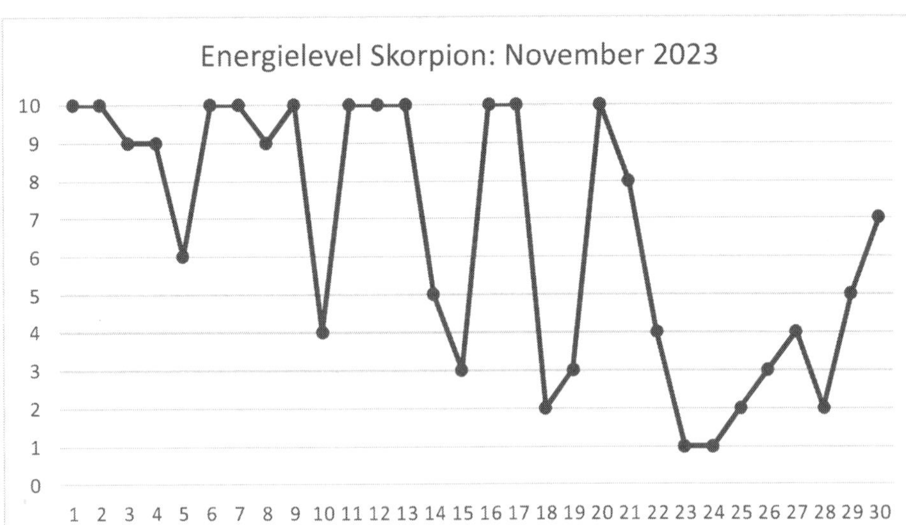

Dezember

Erfolg Merkur steht den ganzen Dezember über im Steinbock und läuft ab dem 14. auch noch rückwärts. Das verheißt viel Arbeit und noch mehr Stress. Hätten Sie nicht Mars und Saturn in einer günstigen Position, müsste man Sie fast bedauern. Aber so schlagen Sie sogar trotz schwieriger Sterne sogar noch einen Erfolg heraus.

Liebe Entschädigt werden Sie von Venus, die ab dem 5. Dezember eine wunderbare Position in Ihrem Sternzeichen einnimmt. In dieser Position bleibt sie auch an Weihnachten. Nehme Sie das ruhig als ein göttliches Geschenk: Venus, die Göttin der Liebe, kümmert sich um Sie. Jetzt glauben Sie aber nur nicht, dass Sie das einfach nur genießen dürfen. Es kommt auch auf Sie an. Machen Sie Weihnachten, insbesondere Heiligabend, zu Ihrem persönlichen Liebesfest!

Gut für Sich auf einen spirituellen Weg begeben.

Schlecht für Ungesund leben.

Die besten Sternenpartner: Fische, Steinbock, Krebs

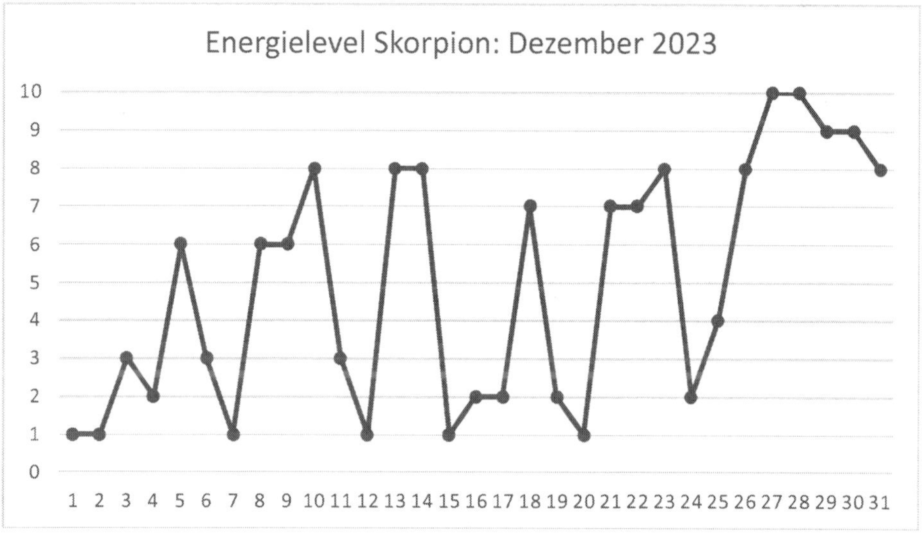

SCHÜTZE

(23. November bis 21. Dezember)

Der Regent des Jahres 2023 heißt Mars. Er ist seiner astrologischen Natur nach ein Feuerplanet. Und da Sie, ein Schütze, ein Feuerzeichen sind, ist eines von vornherein klar: das neue Jahr passt Ihnen wunderbar in den Kram. Sie werden es nützen und davon reichlich profitieren. Sie werden zufrieden, erfolgreich und glücklich sein. Egal, was Sie sich vornehmen – eine Reise, gesund werden, Liebe kosten, beruflich weiterkommen, mehr Geld verdienen: Über allem steht Gelingen.

Es wird sogar noch besser: Jupiter ist der Planet, der Ihrem Tierkreiszeichen Schütze zugeordnet ist. Er ist Ihr Freund, Ihr Helfer am Himmel. Steht Jupiter günstig, dann ist es auch um Ihr Schicksal gut bestellt. Dann kommen Sie vorwärts, finden überall einen Weg und können angst- und sorgenfrei leben. Dieser Jupiter, Ihr großer Glücksbringer, steht 2023 beinahe das ganze Jahr über in einer hervorragenden Position und verhilft Ihnen zu einem abwechslungsreichen, spannenden Leben. Er wird Ihren Optimismus wecken. Jupiter hinterlässt eine ähnliche Wirkung wie ein warmer Sommerregen in der Natur: alles wächst, blüht und trägt Früchte. Sie können davon ausgehen, dass Sie mehr Glück haben und freundliche Mitmenschen finden.

Jupiter schenkt Ihnen auch heilerische Fähigkeiten. Besonders in den Monaten April und Mai werden Sie beinahe so etwas wie hellseherische Fähigkeiten bekommen. Da zieht Jupiter nämlich durch das Sternzeichen Widder, in dem der Jahresregent Mars zuhause ist. Das ist eine magische Konstellation, die Ihnen, dem Schützen, in ganz besonderer Weise zugutekommt: Was immer Sie jetzt verbreiten, ist positiv, hilft, bringt Licht und versöhnt.

Liebe

Natürlich wirken sich dermaßen günstige Sterne auch auf Ihr Liebesleben aus, und Sie werden etwas ganz Besonderes erleben, werden schöner, jugendlicher, anmutiger. Aus Ihren Augen strahlt Zuversicht. Sie fallen andern Menschen auf, werden bewundert und man ist gerne in Ihrer Nähe. Man könnte sagen, dass Sie selbst etwas von diesem göttlichen Jupiter und dem feurigen Mars bekommen. Damit haben Sie kolossale Chancen beim anderen Geschlecht.

Wenn Sie solo sind, werden Sie erstaunt feststellen, wie viele Gelegenheiten Sie bekommen, um zu flirten, sich zu verlieben und Beziehungen einzugehen. Sind Sie aber bereits in einer Partnerschaft, werden Sie sich wundern, weil die Liebe zwischen Ihnen um so viel größer wird. Alles in allem, auch was die Liebe betrifft, erleben Sie ein großartiges Jahr.

Karriere

Mit Jupiter besitzen Sie in einem Mars-Jahr natürlich auch ganz starke Sterne für Erfolg und Geld. Gleich in den ersten drei Monaten steht nämlich Mars in einem günstigen Sternzeichen, stärkt Jupiter und fördert damit alles, was Sie tun. Jetzt ist die richtige Zeit, um aktiv zu werden. Wenn Sie eine neue Stelle suchen, müssen Sie jetzt loslegen und Bewerbungen schreiben, sich vorstellen, telefonieren, Kontakte knüpfen etc. Aber auch dort, wo Sie arbeiten, können Sie jetzt weiterkommen, aufsteigen, mehr verdienen. Im Juni dann kommt schon die nächste Chance, denn da befindet sich Mars im Löwezeichen. Jetzt haben Sie auch das größte Glück des ganzen Jahres. Jetzt können Sie sogar beim Lotto oder einem anderen Glücksspiel zu Geld kommen. Wie es dann weiter geht, entnehmen Sie bitte den weiter unten folgenden Monatsanalysen.

Ihre Mars-Chance

Eigentlich wurde über die Chancen, die Ihnen der Jahresregent Mars verleiht, bereits viel gesagt. Eines ist noch wichtig, nämlich dass Mars in einem Mars-Jahr darauf steht, dass man etwas für seine Gesundheit tut. Statt Mars-Jahr könnte man auch "Sport-Jahr" sagen. Das gilt für Sie, den Schützen, ganz besonders. Denn Ihrer astrologischen Natur nach sind Sie das Sternzeichen, bei dem sportliche Bewegung am allerwichtigsten ist. Nutzen Sie daher Ihre Chance, treiben Sie Sport, bewegen Sie sich! Sie werden feststellen, dass Bewegung Ihr ganzes Leben bereichert. Denn Bewegung ist Leben.

CHARAKTER	Jovial, hilfreich, wohlwollend
PERSÖNLICHES AUFTRETEN	Entspannt, gelassen, mitreißend
FÜHLEN	Schwärmerisch
STEIN	Lapislazuli
TIER	Pferd
PFLANZE	Pinie
BESTER TAG	Donnerstag

Januar

Erfolg Für Sie sieht der kosmische Empfang zum Jahresbeginn großartig aus: Venus umarmt Ihr Sternzeichen in einem Sextil und Mars bezieht Ihrem Sternzeichen genau gegenüber Position. Auch Jupiter steht großartig. Lediglich Merkur fehlt im kosmischen Empfangskomitee, was sich schlimmstenfalls so bemerkbar macht, dass Sie den einen oder kleinen Fehler machen. Aber ansonsten bekommen Sie gleich im Januar einen Eindruck davon, wie toll das kommende Jahr wird.

Liebe Klar, dass mit solchen Sternen auch die Liebe keinen Zweifel darüber aufkommen lässt, dass es Ihnen gut geht. Die Sterne orakeln sogar, dass die Singles unter Ihnen fündig werden können. Sie meinen auch, dass Ihnen eine Partnervermittlung dabei helfen kann.

Gut für Sorgfalt

Schlecht für Selbstgefälligkeit

Die besten Sternenpartner: Zwillinge

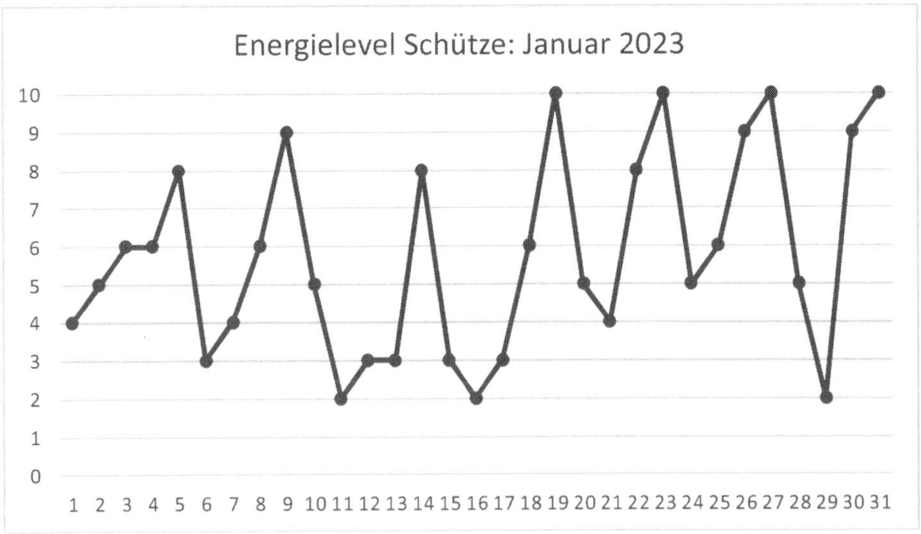

Februar

Erfolg Die Sterne haben Sie lieb und sorgen für gute Möglichkeiten. Planet Mars steht Ihrem Sternzeichen Schütze ganz genau gegenüber und Jupiter schiebt Sie vorwärts. Das bedeutet, dass man wissen will, was Sie können – und das werden Sie auch zeigen. Großartig!

Liebe Die Liebe braucht ein bisschen Zeit. Erst am 19. bezieht Venus eine tolle Position. Sofort kommen mehr Lust und Freude in Ihrem Leben auf. Entsprechend häufen sich für Singles spannende Dates, und in Partnerschaften wird mehr geturtelt und Liebe gemacht. Rund um den Neumond am 20. des Monats zaubern die Sterne eine Magie, die Wunder möglich macht.

Gut für Bei anderen Menschen ankommen

Schlecht für Selbstzweifel, Überheblichkeit

Die besten Sternenpartner: Löwe, Wassermann

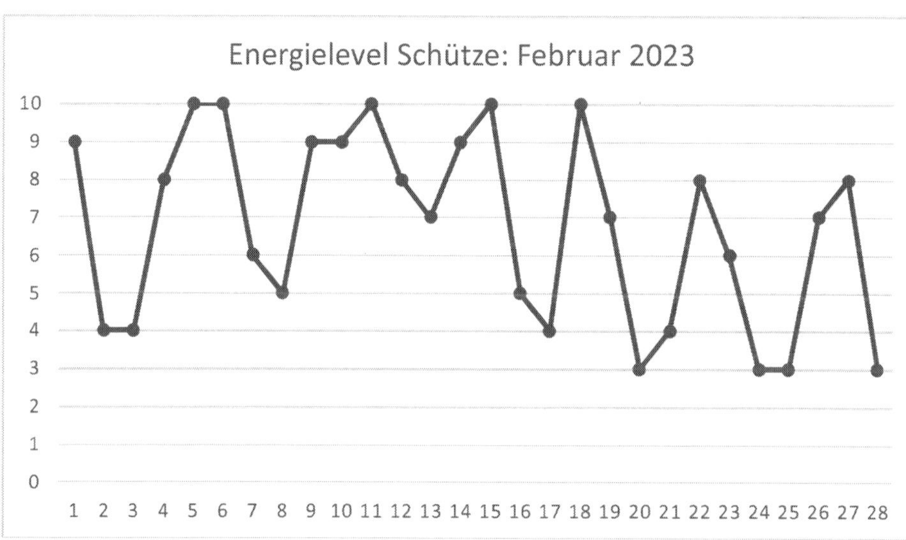

SCHÜTZE: IHRE GANZ PERSÖNLICHEN STERNE IM

März

Erfolg Mars, der Herrscherplanet des Jahres, findet, dass Ihnen zu Anfang des Monats mehr Verantwortung, mehr Geld und mehr Aufstiegsmöglichkeiten zustehen. Ihr Part dabei lautet: Glauben Sie an sich! Boxen Sie sich nach vorn! Skrupel waren gestern - Egostärke ist heute! In den Sternen steht auch, dass Sie jetzt gute Chancen haben, einen neuen Job zu finden. Studieren Sie die gängigen Stellenangebote!

Liebe Venus, der Liebesplanet, sorgt für einen regelrechten Wonnemonat März: Herrliche Feierabende, Nächte und Wochenenden, in denen die Liebe die Hauptrolle spielt. Am 18. geht die Liebesphase zu Ende, aber Ihre tolle Stimmung bleibt. Sie sind auch ohne Liebe glücklich. Davon profitiert auch eine Freundschaft zu einem Menschen, den Sie schon lange kennen.

Gut für Neue Einsichten

Schlecht für Nicht bereit sein, etwas zu lernen

Die besten Sternenpartner: Löwe, Wassermann

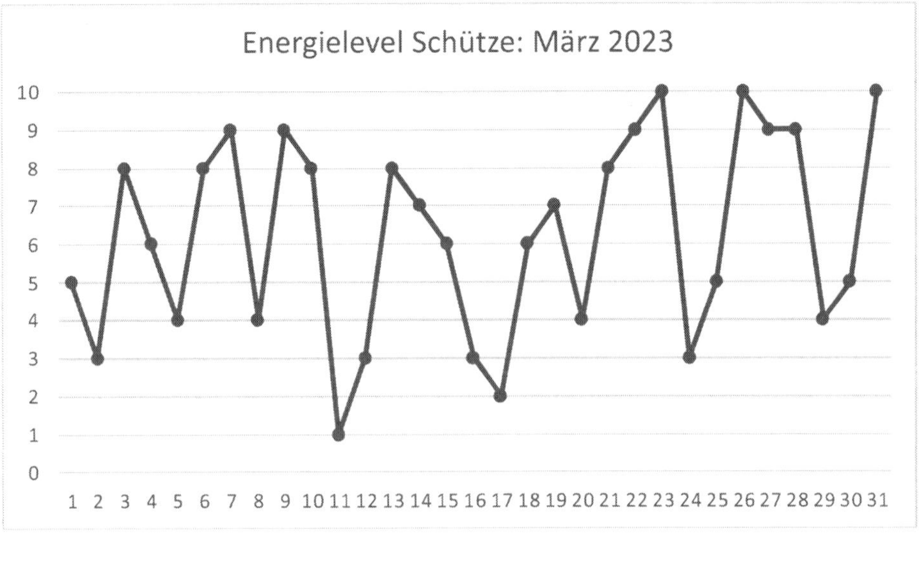

April

🏆 ***Erfolg*** Jupiter trägt Freude und Glück in Ihr Arbeitsleben. Sie bekommen Herausforderungen, die Sie noch besser machen: Venus bezieht zur Monatsmitte Position Ihrem Sternzeichen Schütze genau gegenüber. Das verleiht Ihnen eine tolle Ausstrahlung und verhilft Ihnen sogar zu mehr Geld auf Ihrem Konto. Aufpassen müssen Sie allerdings in der letzten Aprilwoche: Merkur läuft rückwärts. Da macht man schnell Fehler, wenn man nicht genau ist.

❤ ***Liebe*** Bis zur Monatsmitte lässt Sie die Liebe im Stich. Aber dann bezieht Venus die schönste Position, die es überhaupt gibt. Sie strahlt jetzt aus Ihrem Gegenzeichen. Das hat zur Folge, dass Ihre Mitmenschen etwas ähnliches tun: Sie werden bewundert und geliebt. Für Ihre Partnerschaft wird das herrlich, und wenn Sie gerade Single sind, kann sich das jetzt ändern.

👍 ***Gut für*** Tolle Erlebnisse in der Liebe

☹ ***Schlecht für*** An sich selber zweifeln

★ ***Die besten Sternenpartner***: Widder, Zwillinge, Waage, Schütze

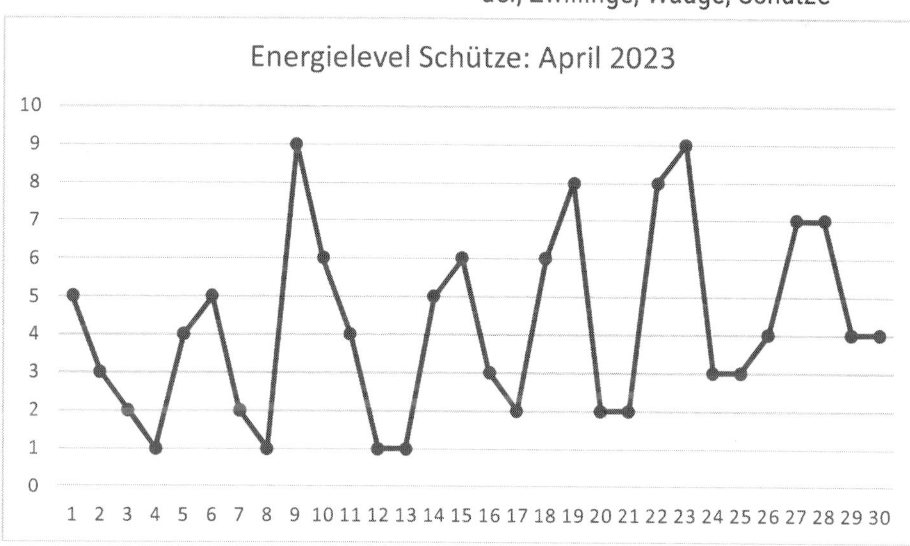

Mai

Erfolg Ihr Leben ist Im Mai ein bisschen langweilig. Daher nehmen Sie jede Gelegenheit wahr, um etwas Neues auszuprobieren. Wenn es nicht klappt, geht die Welt auch nicht unter. Mit kleinen „Niederlagen" werden Sie spielend fertig. Günstig ist die Zeit aber auch fürs Pläneschmieden. Denken Sie nach, was Sie noch alles erreichen möchten. Gehen Sie dabei sehr genau und Punkt für Punkt vor.

Liebe Herzklopfen und Schmetterlinge im Bauch? Gibt es auch! In der ersten Maiwoche stehen Ihre Liebessterne sehr stark. Leider zieht Venus am 8. Mai weiter. Das bedeutet jetzt nicht, dass es vorbei ist mit der Liebe, aber große Sensationen werden Sie nicht mehr erleben. Die letzte Maiwoche hält eine Überraschung für Sie bereit. Die Sterne meinen: jemand, der Sie näher kennen lernen möchte, betritt Ihr Leben.

Gut für Positiv denken

Schlecht für Nichts unternehmen

Die besten Sternenpartner: Widder, Zwillinge, Wassermann

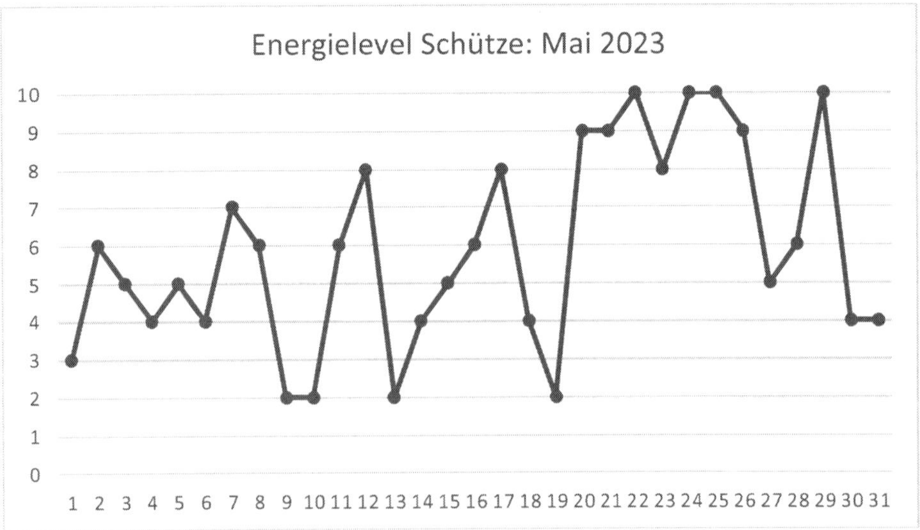

Juni

Erfolg Der Juni wird Ihr allerbester Monat: Am 11. betritt Merkur Ihr Sternzeichen und verhilft Ihnen zu guten Jobaussichten. Mars unterstützt Sie den ganzen Monat über. Er schiebt Sie regelrecht zum Erfolg. Jetzt aber bloß nicht panisch werden, weil Sie vielleicht gerade für Juni den Urlaub planen. Selbst wenn Sie irgendwo am Wasser sitzen, läuft es zuhause im Job günstig für Sie.

Liebe Noch besser ist die Liebe. Venus betritt am 6. des Monats ein neues Sternzeichen. Von dort aus kann sie Ihnen all das schenken, was man braucht, um Liebe zu erfahren: Sie sind schön, attraktiv, liebenswert. Mit anderen Worten: die Liebe ist aufregend und so schön, wie es normalerweise am Anfang ist, weil man so unschuldig wie Kinder miteinander umgeht. Ihrem Partner schenken Sie tolle Nächte.

Gut für Das Leben genießen

Schlecht für Zu sehr an materiellen Werten hängen

Die besten Sternenpartner: Fische, Schütze

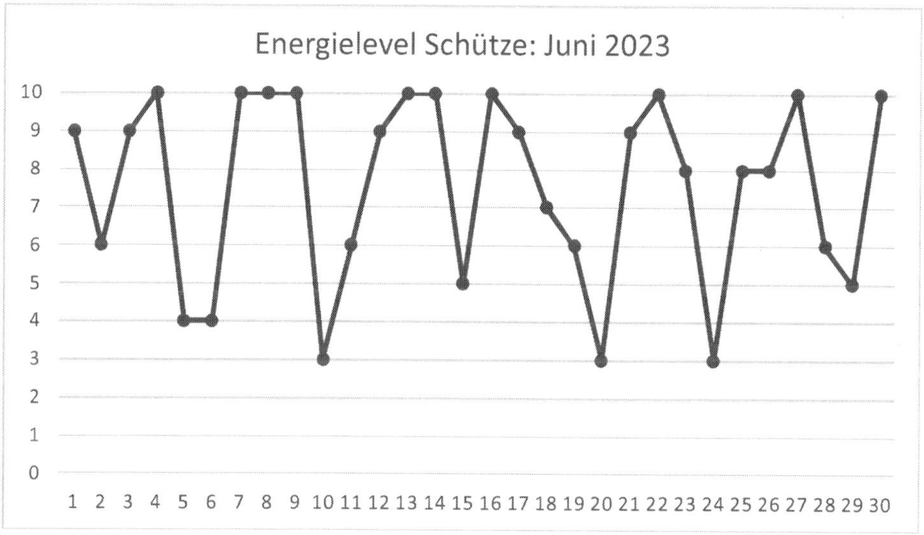

Juli

Erfolg Bis zum 10. des Monats können Sie noch mit Glück im Beruf rechnen. Dann bezieht Mars eine ungünstige Position, und es drohen Nachteile. Also besser im Hintergrund bleiben! Wichtig ist auch, dass Sie sich selbst jetzt nicht alles glauben, was Sie denken. Viele Ideen sind Hirngespinste.

Liebe Der Liebesplanet Venus bezieht auch im Juli eine starke Position. Ihre Chancen bleiben also fantastisch. Lediglich ab dem 25. könnten Probleme aufkommen, und zwar deswegen, weil Venus rückwärts läuft. Das führt oft dazu, dass Partnerschaftsprobleme auftauchen, die es dann gilt zu lösen. Auf jeden Fall ist der Juli goldrichtig, um in den Urlaub zu fahren. Probleme könnten auftauchen, weil die Lust am Sex nicht unbedingt bei Mann und Frau gleich stark ist. Da ist Verständnis angesagt.

Gut für Offen sein für spirituelle Wege

Schlecht für Grundsätzlich skeptisch sein

Die besten Sternenpartner: Waage, Schütze, Fische

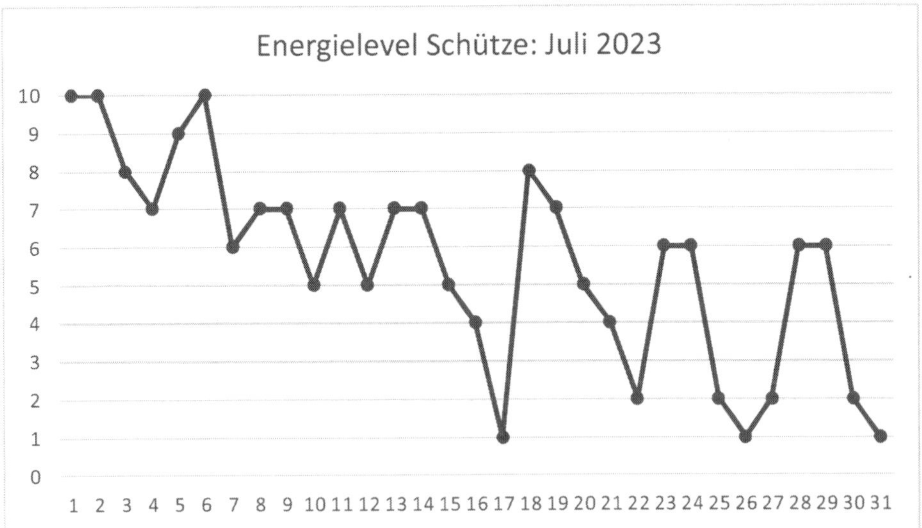

August

Erfolg Im August ist nicht viel los in Ihrem Berufsleben. Merkur steht ungünstig und läuft außerdem in der letzten Augustwoche rückwärts. Da müssen sie furchtbar aufpassen, dass Ihnen keine Fehler unterlaufen. Dann gilt es auch noch Mars zu berücksichtigen. Er macht Stress. Sparen Sie mit Ihrer Kraft! Wofür dieser Mars allerdings gut geeignet ist, sind Planungen für die Zukunft. Beinahe könnte man sagen, Sie dass Sie jetzt in die Zukunft sehen können. Unter Umständen tauchen auch neue Möglichkeiten für Ihr Berufsleben auf.

Liebe Die Liebe hat es leicht. Sie erleben eine wunderbare Zeit. Vielleicht sind Sie im Urlaub, dann ist es so schön wie im Paradies. Was es auch zu berücksichtigen gilt, ist Uranus. Gehen Sie positiv mit Ihm um. Machen Sie jetzt einmal nicht alles so wie immer, sondern variieren Sie Ihr Tagesprogramm!

Gut für An sich selber glauben

Schlecht für Selbstzweifel

Die besten Sternenpartner: Schütze Widder, Löwe, Waage

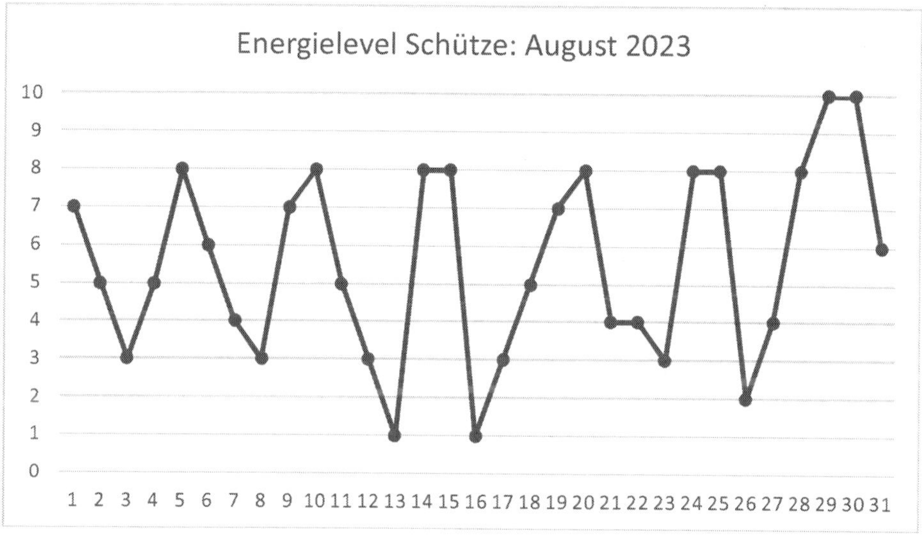

September

Erfolg Das ist endlich wieder ein Monat, in dem Ihnen alles besser gelingt. Insbesondere auf dem Planeten Mars und Venus können Sie bauen. Damit stimmt es im Job und in der Liebe. Jetzt werden Sie von Tag zu Tag beherzter, entscheidungsfreudiger und resoluter. Sie spüren nämlich Mars, der Sie regelrecht zum Erfolg schiebt: Sie erleben eine Hoch-Zeit im Job. Verstärken können Sie diesen Aufwärtstrend noch, wenn Sie viel im Team arbeiten.

Liebe Spannend ist die erste Woche, denn Venus läuft rückwärts. Leicht können Sie jetzt Probleme aus Ihrem Beziehungsleben loswerden. Treffen Sie sich zu einem Gespräch. Bleiben Sie offen und tolerant. Versuchen Sie sich in Ihren Partner hineinzuversetzen, um besser zu verstehen, was in ihm bzw. ihr vorgeht.

Gut für Neue Möglichkeiten

Schlecht für An sich selber zweifeln

Die besten Sternenpartner: Widder, Wassermann

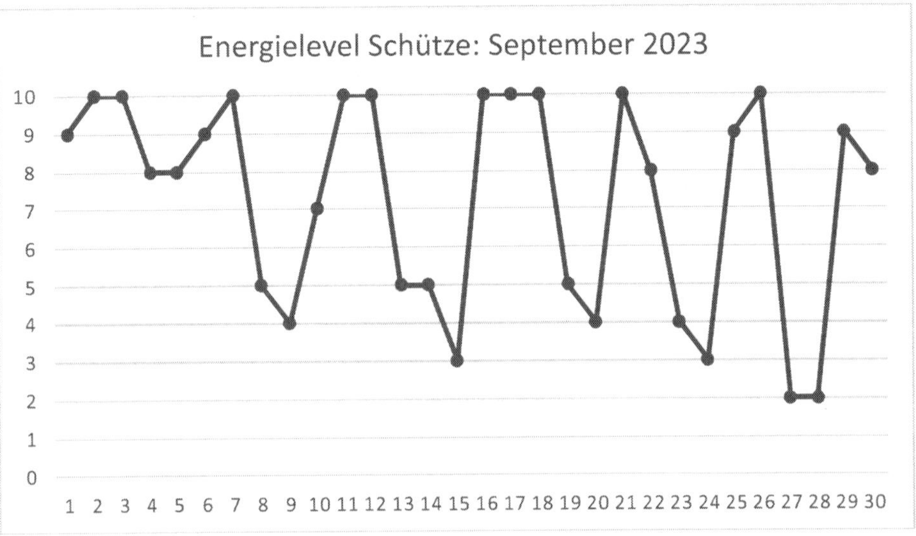

SCHÜTZE: IHRE GANZ PERSÖNLICHEN STERNE IM

Oktober

🏆 ***Erfolg*** Rund um die Monatsmitte spielen Sie in Ihrem Job eine wichtige Rolle, bekommen Dinge aufgetragen, die Sie vielleicht noch nie gemacht haben und beherrschen sie dennoch aus dem Effeff. Das haben Sie Merkur zu verdanken, der günstig zu Ihrem Sternzeichen steht. In der letzten Oktoberwoche sollten Sie behutsam mit Ihren Energien umgehen: Mars steht ungünstig.

❤ ***Liebe*** Sie müssen warten, bis Sie Kontakt mit dem Liebesplaneten Venus bekommen: Am 12. des Monats ist es so weit. Jetzt stellt Venus die Weichen und verbindet Sie mit dem Menschen, der zu Ihnen passt, Ihre andere Seite verkörpert. Leben Sie bereits in einer Beziehung, werden Sie ganz neue Dinge an Ihrem Partner entdecken. Das setzt auch voraus, dass Sie diese Zeit auch richtig an sich heranlassen und offen sind.

👍 ***Gut für*** Allgemeines Vorwärtskommen

☹ ***Schlecht für*** Zweifel, Unaufmerksamkeit

★ ***Die besten Sternenpartner***: Zwillinge, Löwe

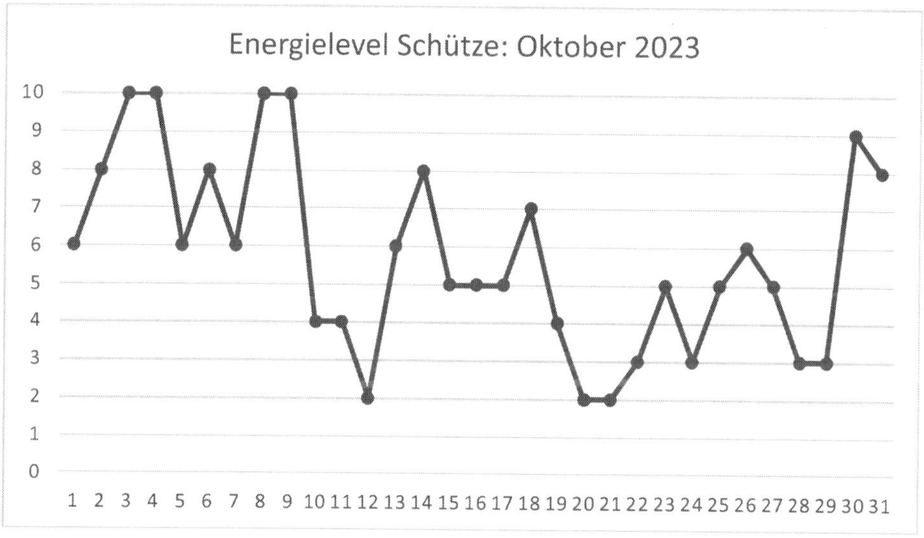

November

🏆 ***Erfolg*** Im Business müssen Sie warten, bis Sie zu den Gewinnern zählen. Ab der Monatsmitte zählen Ihr Können und Ihr Einsatz an Ihrem Arbeitsplatz. Es kommt jetzt ganz darauf an, sich in Geschäftspartner oder Kunden einzufühlen. Damit machen Sie Geld und haben Erfolg. Vielleicht ist es in der letzten Novemberwoche nicht schlecht, wenn Sie sich verstärkt um Ihre Gesundheit kümmern.

❤ ***Liebe*** Ungefähr ab der Monatsmitte wachen Sie morgens auf und sind glücklich. Das tolle Gefühl haben Sie Venus und Merkur zu verdanken. Die kümmern sich auch tagsüber und vor allem abends um Sie und Ihr Liebesleben nimmt ab sofort Fahrt auf. Entsprechend ist jetzt viel los in Ihrer Partnerschaft. Wenn Sie allerdings im Moment single sind, sieht es nicht so rosig aus.

👍 ***Gut für*** Geistige Weiterbildung, an sich selber glauben

☹ ***Schlecht für*** Einfach so weitermachen wie bisher

★ ***Die besten Sternenpartner***: Fische, Schütze

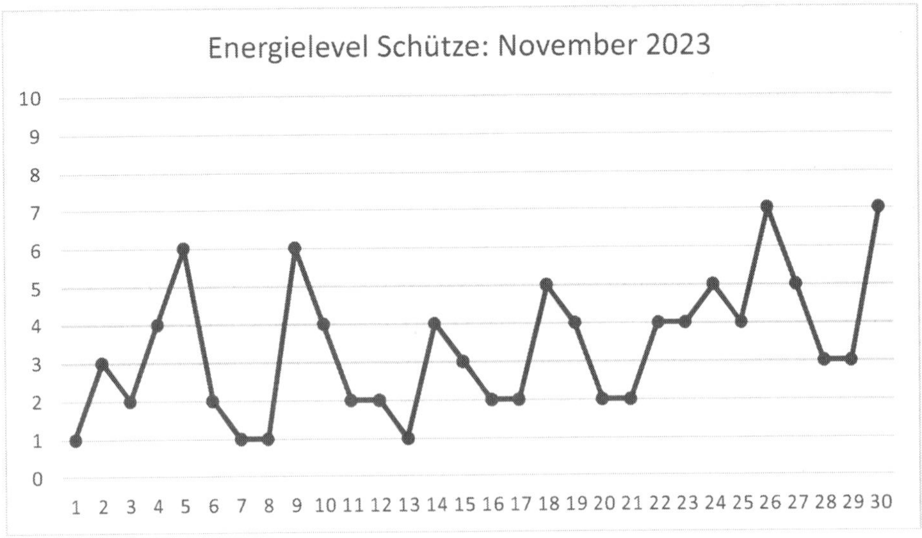

SCHÜTZE: IHRE GANZ PERSÖNLICHEN STERNE IM

Dezember

Erfolg Mars hält Ihnen die Stange, verleiht Ihnen genug Kraft, um den letzten Monat des Jahres gut zu überstehen. Die Sterne der Liebe lassen Sie dagegen hängen. Das bedeutet, dass dieser Monat voll und ganz an Ihre Karriere geht. Jetzt haben Sie die richtigen Voraussetzungen, um in eigener Sache aktiv zu werden. Möglicherweise planen Sie eine berufliche Veränderung im kommenden Jahr. Dann beginnen Sie jetzt, daran zu arbeiten. Jetzt können Sie auch den Sprung in die Selbstständigkeit wagen.

Liebe Merkur läuft rückwärts. Damit bekommen Sie die wunderbare Chance, Ihrer Liebe ein Update zu verschaffen: Reden Sie mit ihrem Partner darüber, was man ändern kann. In der Woche nach Heiligabend sollten Sie sehr feinfühlig miteinander umgehen.

Gut für Sich ein tollen Geschenk machen

Schlecht für An sich selber zweifeln

Die besten Sternenpartner: Widder, Zwillinge, Waage, Schütze

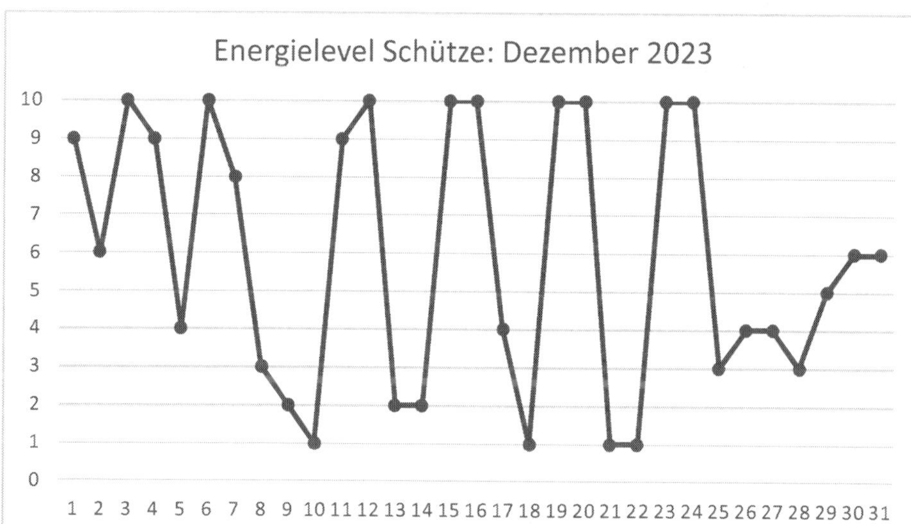

Steinbock

(22. Dezember bis 20. Januar)

Im vergangenen Jahr reagierte Saturn. Er ist Ihr persönlicher Herrscher. Unter seiner Regierung ging es niemandem wirklich gut, aber Sie, ein Steinbock, hatten es eindeutig besser als die anderen. 2023 regiert Mars. Er ist ein Feuerplanet und dafür bekannt, dass er Unruhe unter die Menschen trägt. Das passt grundsätzlich nicht zu Ihnen. Sie verfolgen ein Ziel, sind konzentriert und versuchen Unruhe zu vermeiden. Haben Sie dann 2023 Probleme mit diesem Mars?

Nein! Sie lassen sich nicht von Ihrem Arbeitsstil abbringen. Es ist sogar so, dass Sie von diesem Mars profitieren, weil mehr los ist in Ihrem Leben.

Außerdem steht Pluto wie auch in letzten Jahren in Ihrem Sternzeichen Steinbock, und Saturn wechselt Anfang März in die Fische, wo sich bereits Neptun befindet.

Mit diesen Sternen treiben Sie im Strom, der aus der Vergangenheit kommt und in die Zukunft mündet. Sie werden Dinge tun, die Sie vielleicht vor vielen Leben begonnen haben. Sie werden auf Wegen gehen, die Ihre Ahnen bereits beschritten haben. Es ist, als würden Sie aus einer magischen Quelle schöpfen. Allerdings erhalten Sie nur in der Weise Kraft, wie Sie sich auf Ihre Vergangenheit in Dankbarkeit beziehen. Leben Sie in Unfrieden mit ihr, werden Sie von diesem Segen und Glück nicht viel bemerken.

Saturn und Neptun stehen außerdem in Ihrem zweiten Sonnenhaus und unterstützen alles, was mit Geld, Sicherheit, Haus, Grund und Boden einerseits und Sinnlichkeit und Genuss andererseits zu tun hat. Wenn Sie vorhaben, ein Haus oder eine Wohnung zu erwerben, sollten Sie in diesem Jahr aktiv werden. Sie werden manchmal Dinge erleben, die Ihnen wie ein Wunder vorkommen.

Mit Ihrem Herrscherplaneten in den Fischen lassen Sie körperliche Probleme weitgehend in Frieden. Allerdings müssen Sie sich vor Infektionen schützen. Saturn in den Fischen ist ein Hinweis, dass Ihre Abwehrkräfte gegen Infektionen aller Art geschwächt sind.

Liebe

Wie gesagt, 2023 ist ein Mars-Jahr. Das bedeutet zunächst einmal, dass alle Welt mehr Spaß an der Lust, am Sex, an Erotik hat. Das geht Ihnen nicht anders als allen anderen Sternzeichen. Und das ist ja auch nicht schlecht. Sie wissen ja, als Steinbock hält man mit seinen Gefühlen eher zurück, kontrolliert sich, schiebt auf, bis die Gelegenheit günstig ist. In einem Mars-Jahr ist das nicht mehr so einfach. Sie wollen Liebe, Erotik, eine Beziehung, Partnerschaft. Wird es Ihnen gelingen? Jetzt kommt wieder Pluto ins Spiel. Wie bereits gesagt, er steht in Ihrem eigenen Sternzeichen. Damit werden Sie ganz sicher solchen Menschen begegnen, die Sie aus einem früheren Leben bereits kennen: Ihr ehemaliger Partner, Ihr einstiger Vater, Ihr Kind, Ihre Mutter oder wer immer. Es wird aufregend! Ohne es zu wissen, setzt man dort an, wo man im letzten Leben aufgehört hat. Sie werden Menschen begegnen, mit denen Sie sich auf Anhieb verstehen und andere, mit denen Sie auf Anhieb in einen Streit geraten. Das sind alles Grüße aus der Vergangenheit, Fortsetzungen eines Lebens aus einer anderen Zeit.

Karriere

Auch hier hilft Ihnen Mars. Sie bekommen neue Aufgaben - auch neue Herausforderungen. Was Sie wissen müssen ist: In einem Mars-Jahr geht nicht alles leicht und einfach. Man muss sich immer wieder gegen Widerstände durchsetzen. Aber das sollte Ihnen als Steinbock überhaupt keine Mühe machen. Pluto hat natürlich auch in punkto Karriere seine Finger im Spiel. Er kann Sie mit der Macht Ihrer ganzen Ahnen verbinden – immer vorausgesetzt, Sie haben ein gutes Verhältnis zu Ihrer Vergangenheit.

Ihre Mars-Chance

Mars regiert. Das sollten Sie ausnutzen und sich gleich im Januar in einem Sportstudio einschreiben – und zwar für das ganze Jahr. Sie müssen sich 2023 mehr bewegen, sonst rosten Sie ein. Im Mars-Jahr und mit Pluto in Ihrem Sternzeichen Steinbock ist Gesundheit das Allerwichtigste. Es gibt 2023 Zeiten, in denen es besonders wichtig ist, sich um Ihre Fitness zu kümmern, Sie finden Sie in Ihrem anschließenden Monatskalender.

CHARAKTER	Ernst, zuverlässig, ehrgeizig
PERSÖNLICHES AUFTRETEN	Zurückhaltend, diszipliniert
FÜHLEN	Kontrolliert, treu
STEIN	Edel-Onyx
TIER	Kamel
PFLANZE	Kaktus
BESTER TAG	Samstag

Januar

Erfolg Große Unterstützung bekommen Sie noch nicht im Januar, wenn man einmal davon absieht, dass ja die Sonne in Ihrem Sternzeichen Steinbock steht. Aber Mars, Venus und Jupiter halten sich in anderen Orten auf. Aber Merkur versorgt Sie. Damit läuft Ihre Routine wie geschmiert, und Sie erfahren obendrein die eine oder andere Neuigkeit, die Ihnen gefällt.

Liebe Die Sterne lassen Sie In Ruhe. Zwischenmenschlich ist also nichts los im Januar. Aber nehmen Sie es positiv: Da kehrt eine innere Ruhe ein, und die mag ein Steinbock wie Sie doch auch sehr gerne. Gut ist diese Zeit für eine Prüfung: Wenn Sie in Ihrer Partnerschaft trotz geringer kosmischer Unterstützung miteinander gut auskommen, ist das ein sicheres Zeichen, dass Sie miteinander können.

Gut für Schutz vor Gefahren.

Schlecht für An sich selber zweifeln

Die besten Sternenpartner: Krebs, Skorpion, Steinbock, Fische

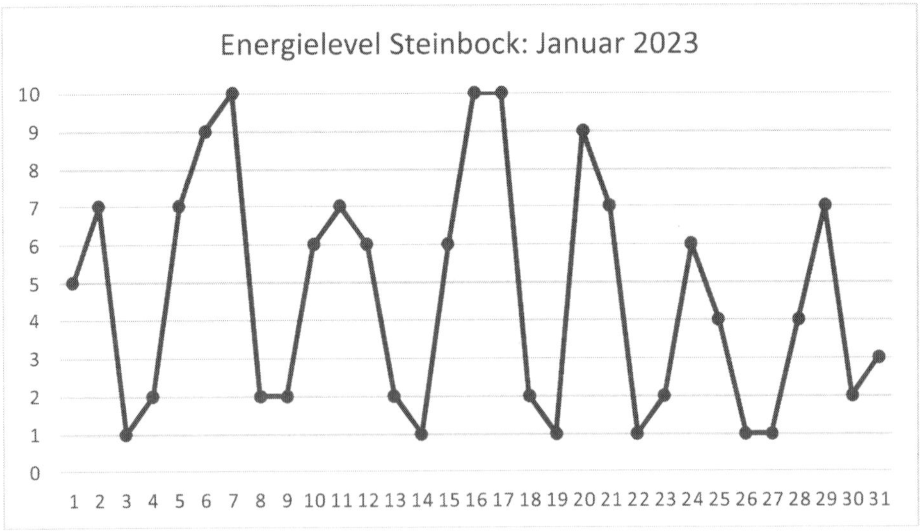

STEINBOCK: IHRE GANZ PERSÖNLICHEN STERNE IM

Februar

Erfolg Was Ihre Karriere angeht, knausert der Himmel. Sämtliche wichtigen Sterne halten sich zurück. Nun sind Sie ein Steinbock, der auch dann gut arbeitet. Aber passen Sie bitte auch auf Ihre Gesundheit auf. Ohne kosmische Kraft übernimmt man sich leicht, und das schlägt sich im Körper nieder.

Liebe Liebesplanet Venus steht bis zum 18. Februar in einem Sternzeichen, das Ihnen viel Liebe schenkt, die Sie dann weiter geben an Ihren Partner, Ihre Familie oder vielleicht auch jemanden, den Sie neu kennenlernen. Das ist, als wäre jetzt nicht Winter, sondern Frühling.

Gut für Liebe.

Schlecht für Sich gegen Veränderungen wehren.

Die besten Sternenpartner: Fische, Krebs, Jungfrau

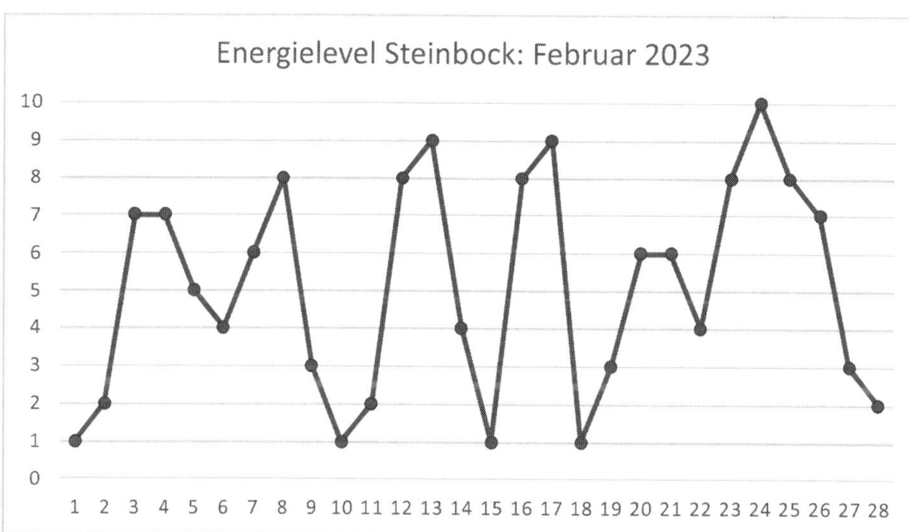

März

Erfolg Vom 3. bis zum 18. März reicht Ihnen Karriereplanet Merkur die Hand. Das verschafft Ihnen Vorteile. Alles klappt besser, und sogar das ist möglich, dass Sie mehr Geld verdienen. Dann, ab dem 19. März, wird es stürmisch. Sie müssen aufpassen, dass Sie Ruhe bewahren, denn nur das verspricht Erfolg.

Liebe Die Liebe können Sie zunächst abschreiben: Venus hält sich zurück. Das gilt aber nur für die erste Hälfte des Monats. In der zweiten zeigt sich Venus. Da wachen Sie morgens auf und verspüren mehr Lust. Noch intensiver wird dieses Gefühl am Abend insbesondere dann, wenn Sie nicht allein im Bett liegen. Für die wenigen unter Ihnen, die gerade auf Partnersuche sind, beginnt am 25. des Monats eine Zeit, in der Sie sehr aufmerksam sein sollen, denn der Himmel verspricht, dass Ihnen der Mensch über den Weg läuft, der zu Ihnen prima passt.

Gut für berufliche Verbesserungen.

Schlecht für Juristische Auseinandersetzungen.

Die besten Sternenpartner: Steinbock, Fische, Stier

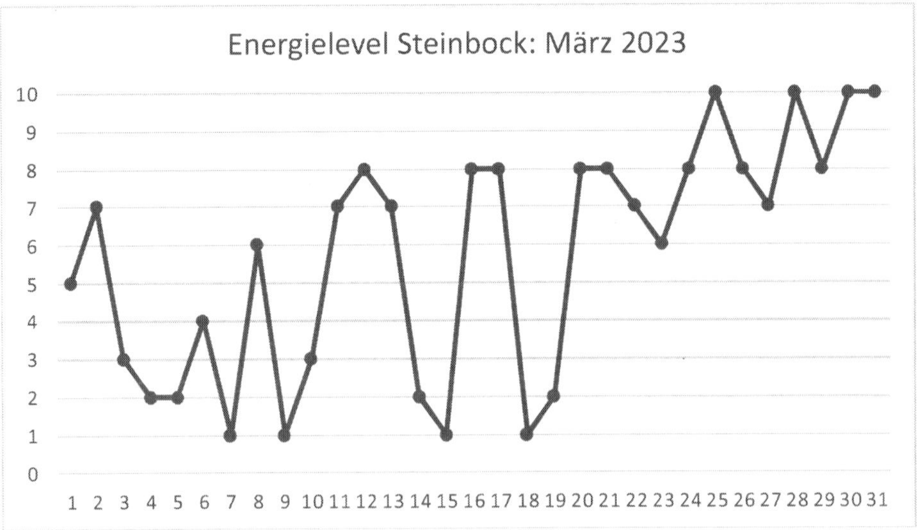

April

Erfolg Der Monat beginnt nicht optimal, denn wichtige Sterne stehen manchmal ungünstig zu Ihrem Sternzeichen. Trotzdem spüren Sie Erleichterung, denn Merkur hält Ihnen die Stange. In den ersten zehn Apriltagen verleiht Ihnen auch Venus das richtige Gefühl für einen Erfolg, und von Mars bekommen Sie die nötige Kraft, um sich zu behaupten. Das signalisiert Herausforderungen. Da ist es wichtig, dass Sie das rechtzeitig bemerken, damit Sie geeignete Chancen nicht versäumen.

Liebe In der Liebe sieht es ab dem 20. gut aus, weil Venus günstig steht. Auch die Sonne bezieht jetzt eine Top-Position, und am 25. bekommen Sie, wie bereits gesagt, die Kraft des Planeten Mars zu spüren. Damit sind sie eindeutig auf Erfolgskurs und bekommen dann und wann auch Glück in der Liebe zu spüren. Dazu kann auch gehören, dem Menschen zu begegnen, der vom Himmel auserkoren ist.

Gut für Sich behaupten.

Schlecht für Streitereien und Auseinandersetzungen.

Die besten Sternenpartner: Fische, Stier, Jungfrau

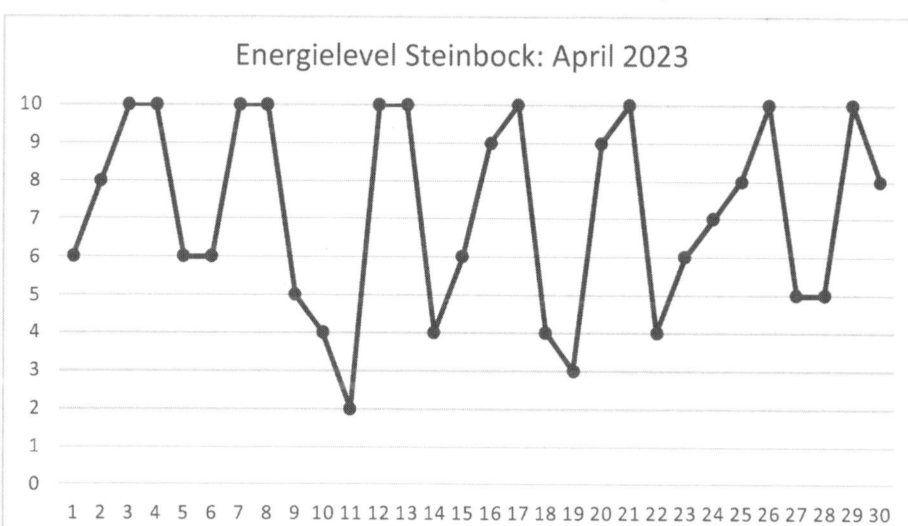

Mai

🏆 ***Erfolg*** Planet Merkur ist auf Ihrer Seite. Allerdings müssen Sie wissen, dass er bis zur Monatsmitte rückwärtsläuft. Das bedeutet, dass Sie besonders vorsichtig sein müssen. Sonst unterlaufen Ihnen Fehler. Auf Mars können Sie sich verlassen. Er befindet sich wie im Monat zuvor Ihrem Sternzeichen gegenüber. Das signalisiert Herausforderungen. Das könnte zum Beispiel sein, dass Sie jemand provoziert. Auch ist es möglich, dass Sie in eine Situation geraten, in der es darum geht, wer besser ist. Lassen Sie sich nicht abhängen!

❤ ***Liebe*** Am 8. Mai bezieht auch Venus ihrem Sternzeichen genau gegenüber Position. Das gilt in der Astrologie als sicheres Zeichen dafür, dass einem die Liebe begegnet. Wie das aussieht, hängt auch von Ihnen ab. Wenn Sie bereits in einer Partnerschaft leben, wird Ihnen hier die Verliebtheit begegnen. Singles begegnen jemandem, der Ihnen das Wunder Liebe offeriert.

👍 ***Gut für*** An seinem Karma arbeiten.

☹ ***Schlecht für*** Sich in Kleinigkeiten verlieren.

★ ***Die besten Sternenpartner***: Skorpion, Fische, Stier

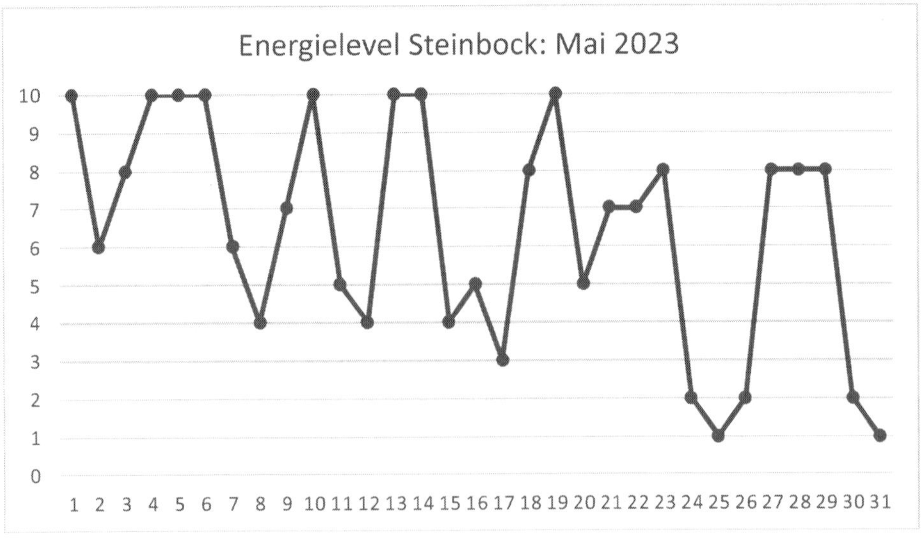

STEINBOCK: IHRE GANZ PERSÖNLICHEN STERNE IM

Juni

Erfolg Im Juni kommt es ganz allein auf Sie an, wie gut Sie zurechtkommen. Pluto bremst. Aber weil Sie wissen, wie Sie damit umgehen müssen, kommen Sie damit klar. Das bedeutet, aufpassen und nichts riskieren, dann passiert Ihnen auch nichts. Sicher, Sie werden das eine oder andere Mal auf etwas verzichten müssen. Hinzu kommt auch noch, dass Merkur an den ersten zehn Junitagen rückwärtsläuft. Darauf einstellen hilft, Enttäuschungen zu vermeiden. Für Entscheidungen lieber abwarten, bis Merkur ab dem 10. Juni wieder vorwärtsläuft.

Liebe Wenn Sie verheiratet sind, haben Sie jetzt mit dem Ehealltag zu kämpfen. Der könnte unter Umständen auch so aussehen, dass Sie sich ständig mit Ihrem Partner streiten. Wenn Sie alleine sind, droht Einsamkeitsschmerz: Treffen Sie sich mit Freunden!

Gut für Freundschaften.

Schlecht für Mutlosigkeit.

Die besten Sternenpartner: Krebs, Fische, Skorpion

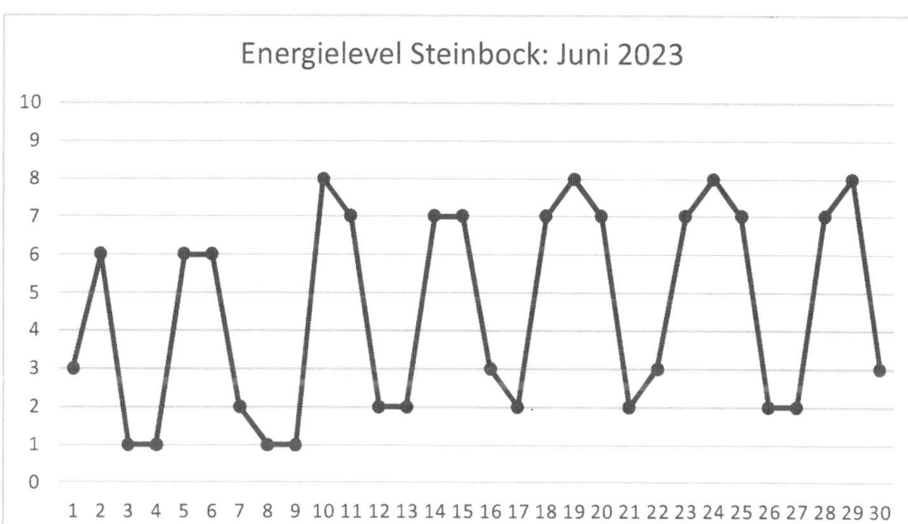

Juli

Erfolg Jupiter wiederum bezieht ebenfalls eine günstige Position. Eine Folge ist die, dass Sie ungeheuer attraktiv in Erscheinung treten. Nicht nur, dass es jetzt zwischenmenschlich viel besser klappt, Sie treten auch in Ihrem Beruf so überzeugend auf, dass Sie finanziell davon profitieren.

Liebe Sie sind jetzt öfters unzufrieden, unter Umständen sogar unglücklich. Der Grund liegt bei Merkur und Venus, die sich von Ihrem Sternzeichen entfernt haben. Mit anderen Worten, der „Blues hat Sie am Wickel". Ganz schlimm wird es aber nicht, denn Mars, Dirigent des Jahres, baut Sie immer wieder auf.

Gut für Freundschaften festigen und neue Freundschaften schließen.

Schlecht für Einfach nebeneinanderher leben.

Die besten Sternenpartner: Krebs, Fische, Skorpion

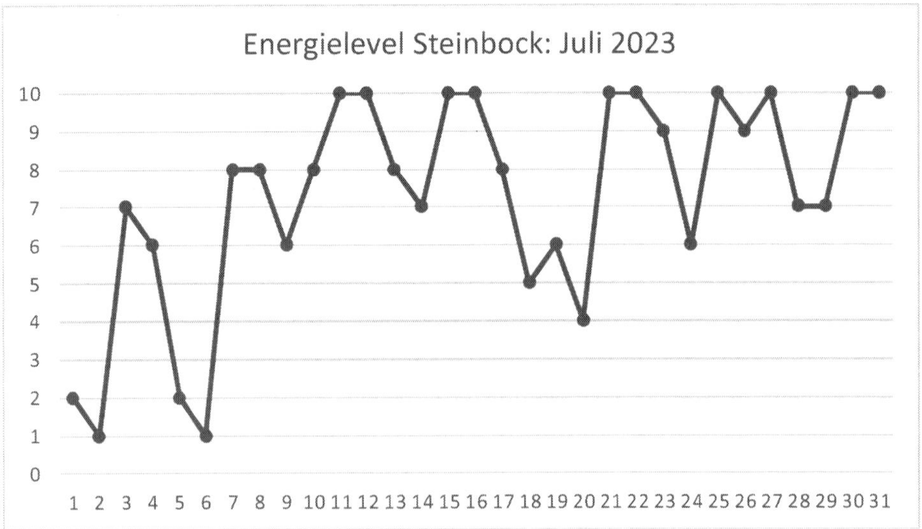

August

Erfolg Mit Planet Mars im günstigen Trigon zu Ihrem Sternzeichen Steinbock und Jupiter ebenfalls im herausragenden Trigon zu Ihrem Sternzeichen haben Sie wirklich gute Voraussetzungen, um im Monat August erfolgreich zu sein. Allerdings ist auch möglich, dass Sie einem anderen Bedürfnis nachgeben, nämlich dem nach Erholung, Ferien, Entspannung.

Liebe Mars, der Herrscher Planet des Jahres den ganzen Monat über in einer günstigen Position steht. Das stärkt auch Ihre Lust, sich mit anderen Menschen zu treffen. Ob dann daraus eine Liebesgeschichte wird, bleibt ungewiss. Aber ihren Spaß können Sie ja trotzdem haben.

Gut für Vorwärtskommen, Geld verdienen.

Schlecht für Auf bessere Möglichkeiten warten.

Die besten Sternenpartner: Steinbock, Jungfrau, Stier

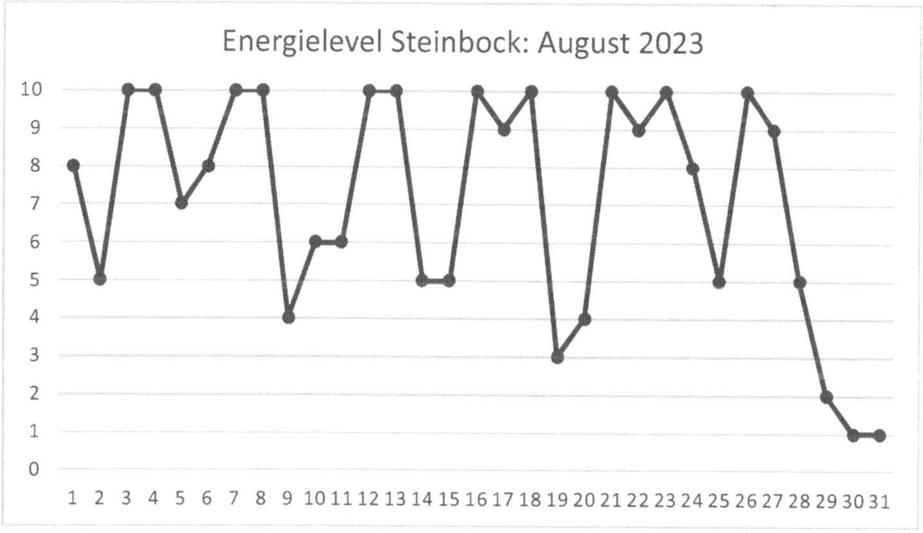

September

🏆 ***Erfolg*** Die Sonne macht Sie schnell wie einen Blitz und stark wie ein Bär. Da Venus keine „gute Figur" am Himmel abgibt, können Sie die tolle Energie sozusagen ganz für Ihre Karriere nützen. Jobplanet Merkur steht nämlich ebenfalls auf Ihrer Seite. Eine andere Möglichkeit sieht so aus: Sie buchen einen Termin im Fitnessstudio oder walken, ganz egal, wie das Wetter ist, täglich durch den nächsten Park.

❤ ***Liebe*** Venus bezieht eine ungünstige Position. Obendrein läuft sie rückwärts. Das macht alles schwieriger: Verzögerungen, Verschleppungen, Berge von Problemen usw. Im Vergleich mit anderen Sternzeichen sind Sie aber im Vorteil, weil Jupiter Ihnen unter die Arme greift. Das führt unter anderem dazu, dass Sie Probleme aus der Welt schaffen können, wenn Sie nur ehrlich und offen sind.

👍 ***Gut für*** Sich um Ihre Gesundheit kümmern.

☹ ***Schlecht für*** Einfach alles laufen lassen.

★ ***Die besten Sternenpartner***: Jungfrau

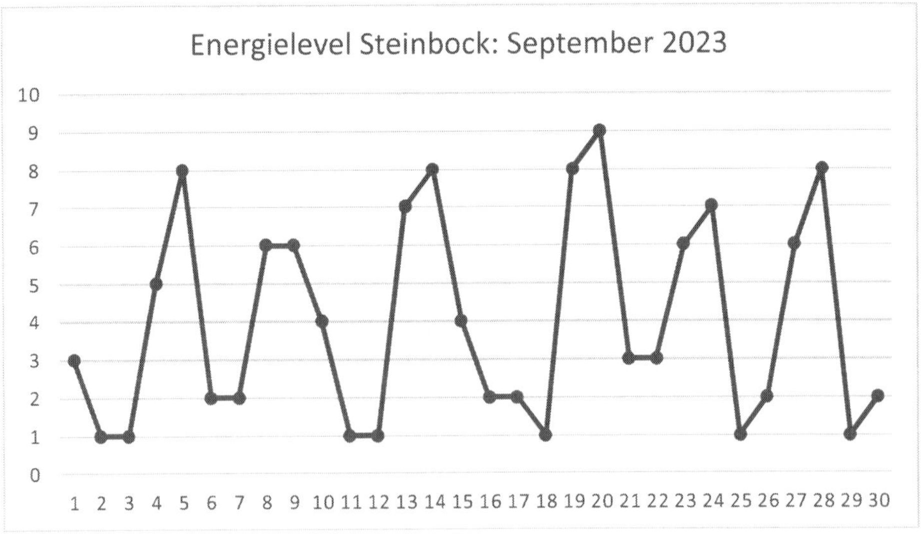

Oktober

Erfolg Gut sind Ihre Sterne für berufliche Verwirklichung. Wenn Sie etwas Neues beginnen oder sich umschulen wollen, dann ist der Oktober dafür bestens geeignet. Aber auch, wenn Sie sich in Ihrer jetzigen beruflichen Situation profilieren möchten, können Sie mit den Sternen rechnen.

Liebe Die ersten Tage des Monats Oktober servieren Ihnen vielleicht noch das eine oder andere Problem. Aber mit Jupiter als Begleiter kriegen Sie das alles geregelt. Dann, am 9., bezieht Venus eine tolle Position, und am 12. rückt Mars nach.

Gut für Liebe, Lust & Leidenschaft.

Schlecht für Sich zurückhalten.

Die besten Sternenpartner: Jungfrau, Fische

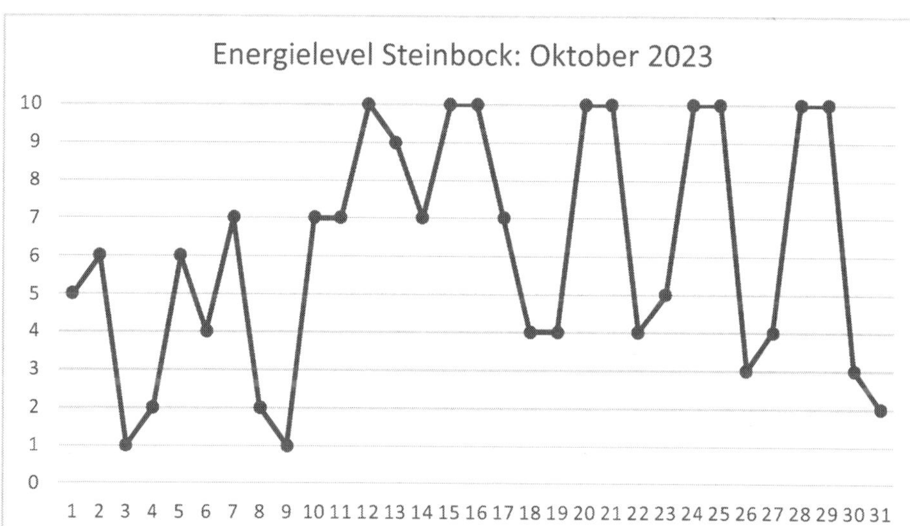

November

Erfolg Jupiter Dauergast. Sie können das noch verstärken, indem Sie sich mit ihm verbinden. Wie das geht? Sprechen Sie mit ihm, aber benutzen Sie dabei nicht nur Ihren Verstand, sondern Ihren ganzen Körper, Ihre Hände, Ihren Körper, Ihr Herz, und blicken Sie dabei hinauf zum Himmel, bis Ihr Gefühl, dass Sie Freunde sind, immer stärker ist!

Liebe Bis zum 10. reicht der Liebesplanet Venus Ihnen die Hand. Da vergeht kein Tag ohne verliebte Augenblicke. Vielleicht begegnen Sie jetzt auch dem Menschen, der schon seit vielen Leben mit Ihnen verbunden ist. Falls Sie in einer Partnerschaft leben, nehmen Sie sich jetzt eben mehr Zeit dafür. Sind Sie aber gerade Single, dann orientieren Sie sich draußen in der Welt. Am 12. zieht Venus dann allerdings ein Zeichen weiter.

Gut für Venus Im Skorpion verdoppelt Ihre erotische Ausstrahlung.

Schlecht für Immer nur die Nachteile sehen und nicht die Vorteile.

Die besten Sternenpartner: Stier, Jungfrau, Steinbock, Fische

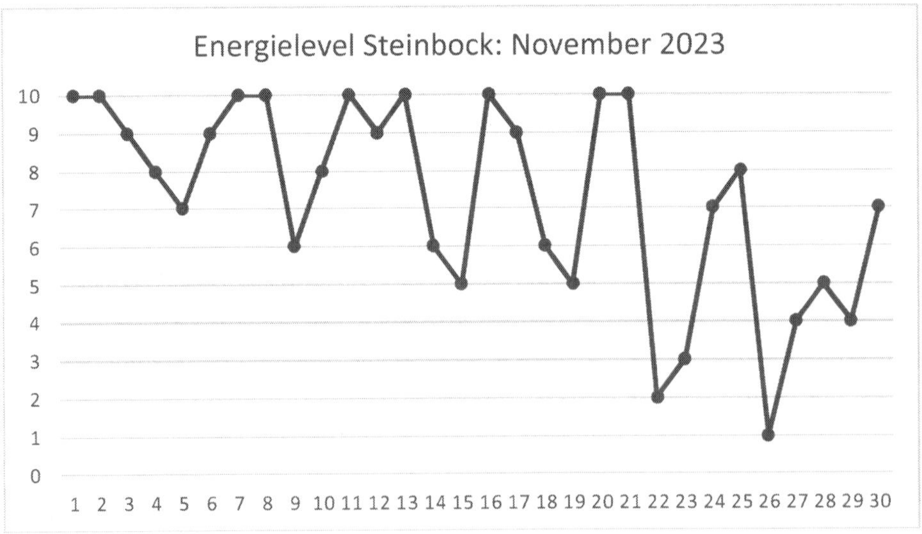

STEINBOCK: IHRE GANZ PERSÖNLICHEN STERNE IM

Dezember

Erfolg Ihre Berufssterne verkünden einen tollen Monat. Merkur verlangt wahrscheinlich viel Arbeit und gewährt wenig Anerkennung. Da ist es ganz wichtig, dass Sie sich vorhalten, wie gut es Ihnen dieses ganze Jahr über ergangen ist. Das baut Sie auf und dann werden Sie noch besser.

Liebe Venus steht für Ihr Sternzeichen Steinbock in einer wunderbaren Position. Zusammen mit Planet Pluto weckt diese Konstellation das Ur-Gefühl von Liebe. Wahrscheinlich erleben Sie die schönste Adventszeit Ihres bisherigen Lebens. Auf ein verliebtes Weihnachten brauchen Sie auch nicht zu verzichten.

Gut für große Schritte nach vorne und nach oben machen.

Schlecht für Sich von schlechten Gefühlen einfangen lassen.

Die besten Sternenpartner: Krebs, Stier, Jungfrau, Skorpion

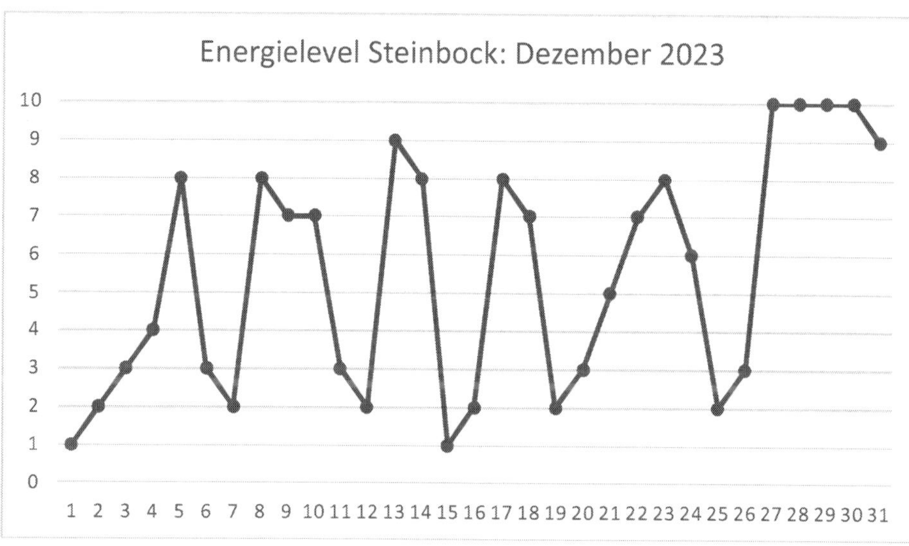

Wassermann

(21. Januar bis 19. Februar)

Mars gibt 2023 den Ton an. Er ist ein Feuerplanet. Er will sich ausdehnen, ausbreiten und beherrschen. Der Vergleich mit richtigem Feuer ist angebracht. Wo immer sich eine Flamme entzündet, besteht die Tendenz, alles was in der Nähe und brennbar ist, ebenfalls zu entzünden. Sie, ein Wassermann, sind ein Luftzeichen. Das passt wunderbar zu diesem Mars. Denn ohne Luft hat Feuer keine Chance. Das bedeutet jetzt, dass Sie 2023 bestimmen können, wie und wo sich das Feuer des Planeten Mars ausbreitet. Wenn Sie zum Beispiel eine Idee haben, die Sie in Ihr Leben einbringen können, dann sind die wunderbaren Voraussetzungen. Wenn Sie Ihre momentane Arbeitssituation verändern wollen, vielleicht zum Beispiel selbstständig werden möchten, dann hilft Ihnen dieser Mars bestimmt auch.

Jetzt muss allerdings gesagt werden, dass Feuer nach allem greift, was sich in seiner Nähe ist. Oder anders gesagt, man muss dem Feuer Vorgaben machen, damit es nicht ausufert. Darauf kommt es 2023 an, dass Sie genau wissen, was sie wollen und dass Sie dafür sorgen, dass das Feuer nur ergreift, was richtig ist. Im weiter unten folgenden Monatskalender können Sie erkennen, wann der Mars besonders stark ist. Dann stehen die Chancen gut, etwas zu verändern, zu erwirken, zu gewinnen. Aber sie sind mindestens genauso groß, dass das Feuer schadet. Um ein drastisches Bild zu benutzen: Sie können 2023 Ruhm erwerben und sich und die Welt glücklich machen. Sie können aber auch einen Flächenbrand hinterlassen.

Liebe

Mars, der Herrscherplanet des Jahres 2023, fördert die Liebe. Ihre Freunde sind Ihnen nah und vertraut. Es fehlt Ihnen an nichts, auch wenn Sie gerade keinen Liebespartner haben. Das Verhältnis wiederum zu dem Menschen, den Sie lieben, bekommt große Selbstverständlichkeit: Sie gehören zusammen, auch wenn Sie sich das nicht täglich neu (im Bett) versichern. Am 1. Januar bezieht

Mars eine wunderbare Position zu Ihrem Sternzeichen und bleibt dort beinahe bis Ende März. Das verspricht eine schöne Zeit, denn Ihre Liebe erblüht – neu, frisch, einzigartig. Sie sind glücklich. Sogar Singles, die schon lange solo sind, werden fündig, verlieben sich „unsterblich". In Beziehungen bricht jetzt schon der Frühling aus. Sie betrachten sich gegenseitig wieder mit frisch verliebten Augen. Auch für den Frühsommer und den Herbst verheißen Ihnen die Sterne leidenschaftliche Zeiten. Sie werden Sachen machen, die Sie in Ihrem ganzen Leben noch nicht ausprobiert haben und werden jegliche Schüchternheit und Scham vergessen. Mehr darüber, was Ihnen die einzelnen Monate versprechen, erfahren Sie im weiter unten folgenden Monatsplaner.

Karriere

Jupiter steht bis Mitte Mai im Widder und wechselt dann in das Zeichen Stier. Das verdoppelt Ihre kreativen Kräfte. Solange er im Zeichen Widder steht, offenbart sich, dass Sie ein Mensch mit außergewöhnlichen Fähigkeiten sind. Dieser Planet macht Ihnen ein besonderes Geschenk, nämlich, dass Sie in ständiger Verbindung zum Ursprung alles Seins stehen und sich darin eingebettet und aufgehoben fühlen. Neptun macht Sie intuitiv und hellsichtig. Sie sind zuweilen dem Schicksal einen Schritt voraus und wissen oft zuvor, was kommt. Auch als Heiler und Helfer sind Sie mit diesem Neptun gesegnet. Allein Ihre Nähe tut anderen Menschen gut.

Ihre Mars-Chance

Mars ist für Sie das ganze Jahr über eine Quelle für Gesundheit und Vitalität. Sie werden sich besser fühlen als in auch den Jahren zuvor. Zugleich verlangt Mars, dass Sie gesund leben. Alles was Sie falsch machen, rächt sich jetzt noch viel stärker als sonst. Passen Sie also gut auf sich auf, leben Sie gesund, und Sie werden verschont bleiben von lästigen Leiden. Dass Sie zu rauchen aufhören, gesünder leben, jeden Tag eine halbe Stunde joggen, weniger Fleisch essen, etc, dafür bekommen Sie von Mars volle Unterstützung.

CHARAKTER	Frei, energisch, fortschrittlich
PERSÖNLICHES AUFTRETEN	Unabhängig, idealistisch
FÜHLEN	Urwüchsig, elementar
STEIN	Bernstein
TIER	Papagei
PFLANZE	Orchidee
BESTER TAG	Samstag

WASSERMANN: IHRE GANZ PERSÖNLICHEN STERNE IM

Januar

Erfolg Mit Mars im Sternzeichen Zwillinge schaffen Sie jedes Hindernis. Sie dürfen natürlich auch nicht gleich übertreiben, sondern brauchen Ihr kluges Köpfchen, das Ihnen schon rechtzeitig meldet, was richtig ist, und wo Sie sich zu viel vornehmen.

Liebe Venus steht in Ihrem Sternzeichen und puscht die Liebe in den Himmel. Es regnet Liebeswellen, die Sie schöner, jünger, attraktiver und sinnlicher machen. Das bedeutet Genuss, Sinnlichkeit, Verführung, Erotik, Zweisamkeit. Vielleicht ist jetzt schon die Zeit reif für den „kosmischen" Liebhaber, den Mann, beziehungsweise die Frau, der/die sowohl Ihr enormes Freiheitsbedürfnis respektiert als auch Ihren Wunsch nach Tiefe und Bindung befriedigt.

Gut für Das Jahr ist reif für ein Projekt, das Sie und Ihren Partner zusammenschweißt.

Schlecht für Kneifen wird von Saturn mit der roten Karte bestraft.

Die besten Sternenpartner: Wassermann, Waage, Widder, Zwillinge

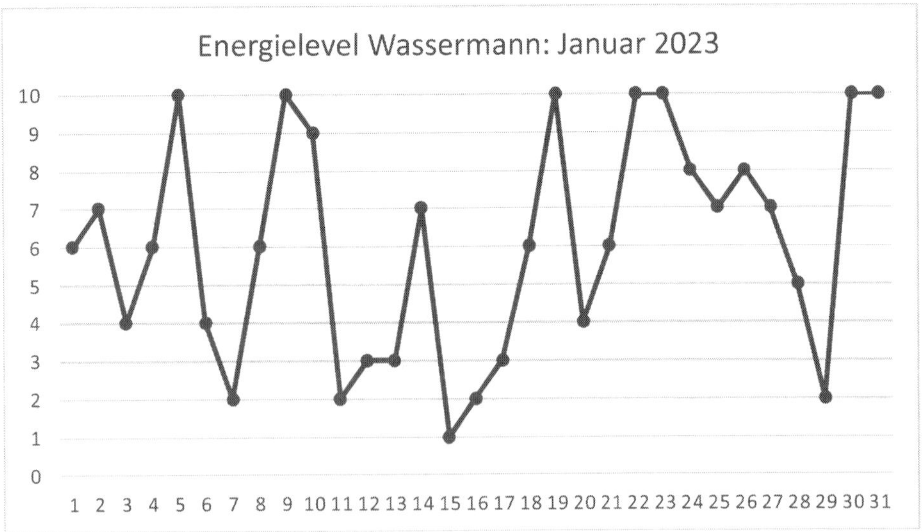

Februar

Erfolg Mars und Jupiter unterstützen Sie, sorgen dafür, dass sie gut vorankommen und erfolgreich sind. Sie müssen sich allerdings auch selbst dazu bekennen, dass Sie jetzt etwas leisten können und sich nicht zurückhalten. Jetzt gewinnt, wer mutig ist.

Liebe Für gute Liebesaussichten müssen Sie bis zum 19. Februar warten. Erst dann bezieht Venus eine Position, die Sie unterstützt und Sie mit solchen Menschen zusammenbringt, die Sie mögen und Lust und Freude in Ihre Partnerschaft tragen. Der Liebesplanet Venus steht dann im Tierkreiszeichen Widder, das seiner Natur nach Feuer ist. Lassen Sie sich ruhig von diesem Feuer anstecken.

Gut für Mehr Geld ausgeben.

Schlecht für Durchhängen lassen.

Die besten Sternenpartner: Stier, Krebs, Jungfrau

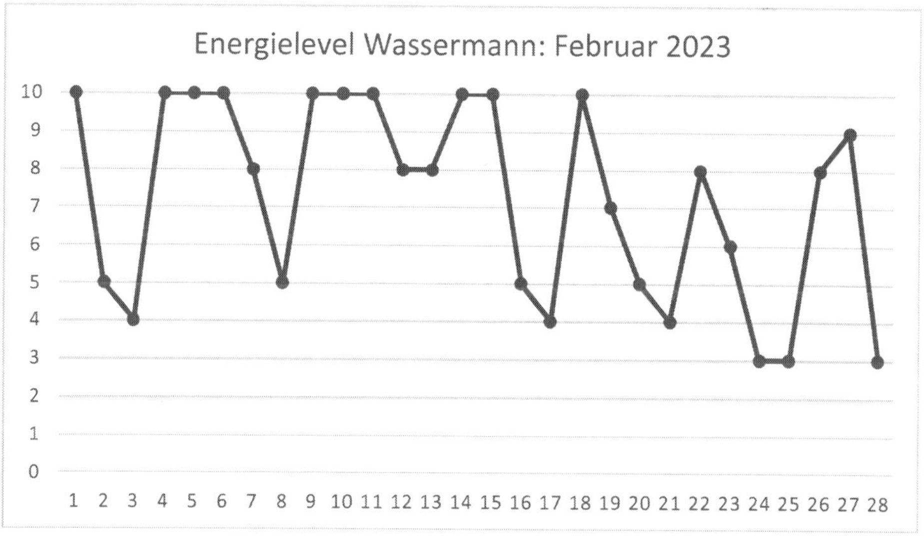

März

Erfolg Am 19. März übernimmt Merkur die Regie und kann dabei mit der Unterstützung von Jupiter und Mars rechnen. Das sind super Voraussetzungen, um beruflich ein Schnäppchen zu machen, zum Beispiel vielleicht mehr Geld herauszuschlagen. Merkur könnte Ihnen jetzt auch Informationen zukommen lassen, wie Sie durch einen Nebenjob zu mehr Geld kommen. Mars wiederum sorgt dafür, dass 2023 ein Superjahr werden wird.

Liebe Venus, Mars und Jupiter stehen bis über die Monatsmitte hinaus in einem Feuerzeichen. Das weckt Lust. Sie wollen etwas erleben, und weil Sie sich nicht zurückhalten, reißen Sie auch Ihre Mitmenschen mit. Mit anderen Worten, die Aussichten für heiße Liebesgeschichten sind so gut wie seit Zeiten nicht mehr. Gab es in Ihrer Partnerschaft eine Liebespause, dann werden Sie jetzt etwas ganz anderes erleben.

Gut für Selber in Schwung brtingen.

Schlecht für Selbstzufriedenheit.

Die besten Sternenpartner: Waage, Wassermann

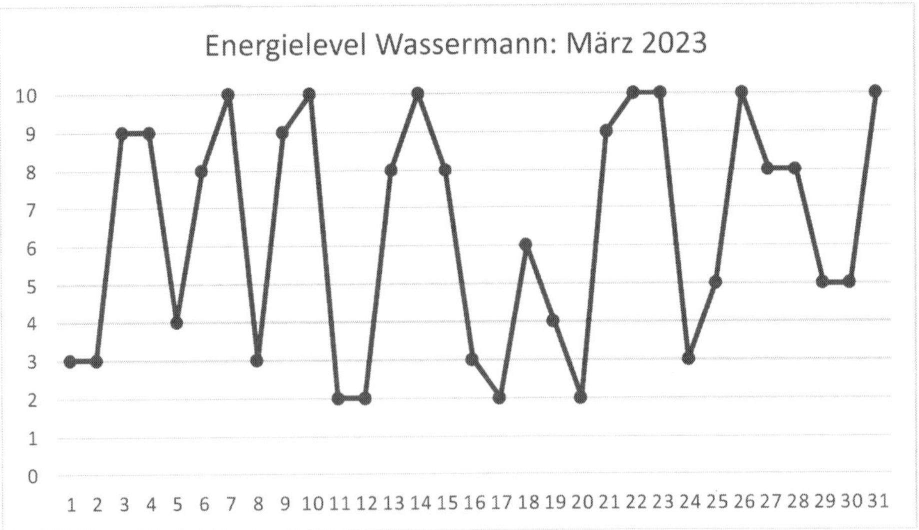

WASSERMANN: IHRE GANZ PERSÖNLICHEN STERNE IM

April

🏆 ***Erfolg*** Jupiter hakt sich in Ihre Erfolgscrew ein. Da ist es gut möglich, dass Ihre Karriere mit ein paar neuen Impulsen versorgt wird. Vielleicht gelingt Ihnen ein toller Erfolg. Gegen Ende des Monats. bekommen Sie wahrscheinlich eine Aufgabe serviert, die Sie herausfordert. Strengen Sie sich an, geben Sie Ihr Bestes, Sie können sich Lorbeeren verdienen.

❤ ***Liebe*** Ab dem 11. April strahlt Sie Venus an. Das ist eine Garantie für Lebensfreude. Die Folge: viele nette Begegnungen, Spaß und ein paar tolle Nächte und für die Singles unter Ihnen die Chance auf eine neue Partnerschaft.

👍 ***Gut für*** Ihre Finanzen.

☹ ***Schlecht für*** Halten Sie sich von Geschäften zurück, die nicht solide sind.

★ ***Die besten Sternenpartner***: Zwillinge, Wassermann

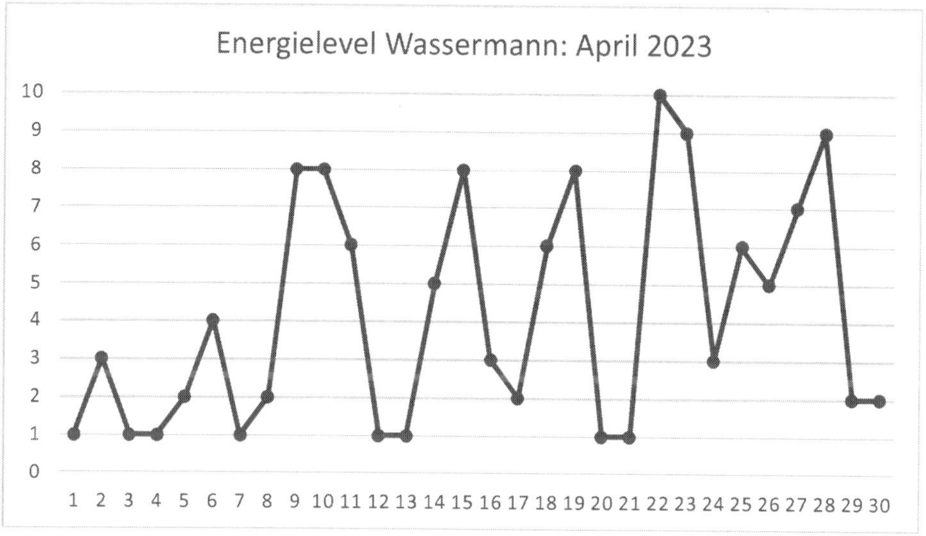

Mai

Erfolg Beruflich müssen Sie mit Schwierigkeiten fertig werden. Merkur bezieht eine ungünstige Position und läuft auch noch in den ersten zwei Wochen rückwärts. Da muss sogar mit finanziellen Einbußen gerechnet werden. Seien Sie genau und stehen Sie voll zu Ihrer Firma. Hilfe bekommen Sie auch: Bis zur Mitte des Monats steht Jupiter auf Ihrer Seite, und danach passt Planet Uranus auf Sie auf. Also, Sie werden ganz bestimmt mit sämtlichen Problemen fertig.

Liebe Ab dem 7. Mai lässt Sie die Liebe im Stich: Venus steht ausgesprochen ungünstig. Das könnte sogar dazu führen, dass sich ein Rivale in in Ihr Leben drängt.

Gut für Sie können jetzt ein Problem endgültig aus der Welt schaffen.

Schlecht für Ungesund leben

Die besten Sternenpartner: Widder, Wassermann, Waage

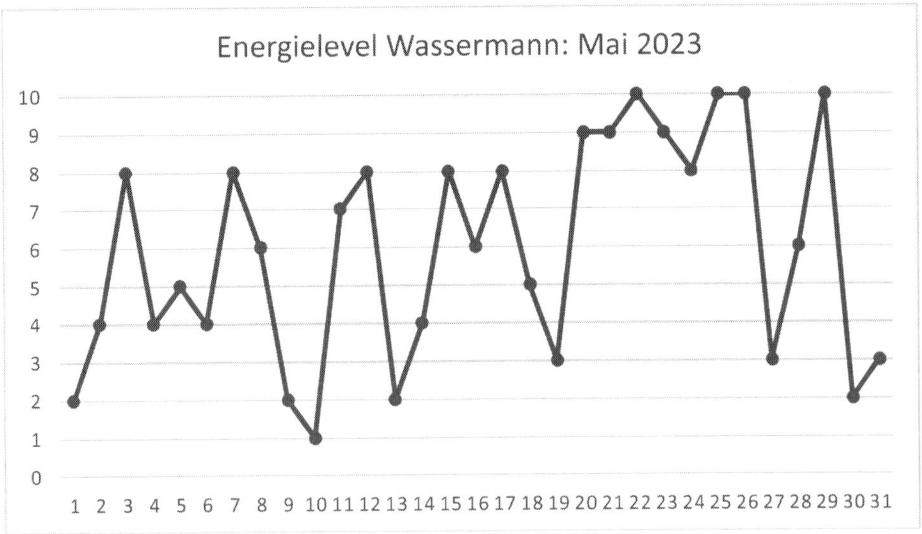

Juni

Erfolg Ihre beruflichen Aussichten sind ausgezeichnet, denn Merkur und Mars helfen Ihnen bei der Lösung sogar kniffliger Probleme. Rund um den Neumond am 18. des Monats könnte Ihnen sogar ein Coup gelingen.

Liebe Der Liebesplanet Venus bezieht ab dem 6. Juni Position Ihrem Sternzeichen genau gegenüber. Singles treffen jetzt den Menschen, der sie dauerhaft fesselt und fasziniert, ohne dass das Gefühl aufkommt, die Freiheit zu verlieren. So wie es aussieht, feiern viele Wassermänner sogar mit Pauken und Trompeten Verlobung oder gar schon ihre Hochzeit, während Paare genauso enthusiastisch sich ewige Treue schwören.

Gut für Nehmen Sie Mars als Motor, der Ihnen mehr Chancen im Business verleiht.

Schlecht für Vorsicht, Mars macht auch übermütig.

Die besten Sternenpartner: Widder, Löwe, Zwillinge

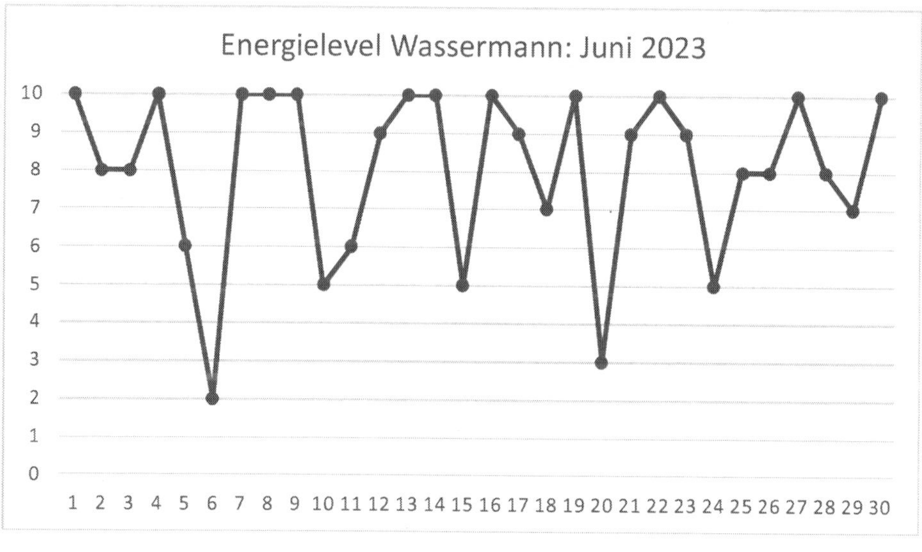

Juli

Erfolg Gute Chancen im Job bekommen Sie nur bis zum 9. des Monats. Danach kommt es darauf an, dass sie klug und vorsichtig arbeiten. Unterstützung vom Himmel bleibt aus. Aber d.h. noch lange nicht, dass es Probleme gibt. Der Herrscherplanet des Jahres, Mars, steht auf jeden Fall auf Ihrer Seite, auch wenn er im Juli Sie nicht mit Glück verwöhnt.

Liebe Der Liebesplanet Venus bezieht beinahe den ganzen Monat Juli über eine herrliche Position. Da macht der Sommer noch mehr Spaß. Bestimmt sind die Abende schon so warm, dass Sie die Abende – und vielleicht sogar mal eine ganze Nacht – mit Ihrem Darling draußen verbringen können.

Gut für Singles. Dass sie ihrem Märchenprinzen bzw. Ihrer Prinzessin über den Weg laufen, ist sicher.

Schlecht für Freundschaften sind für Sie wichtig. Jetzt nicht unvorsichtig sein.

Die besten Sternenpartner: Wassermann, Zwillinge

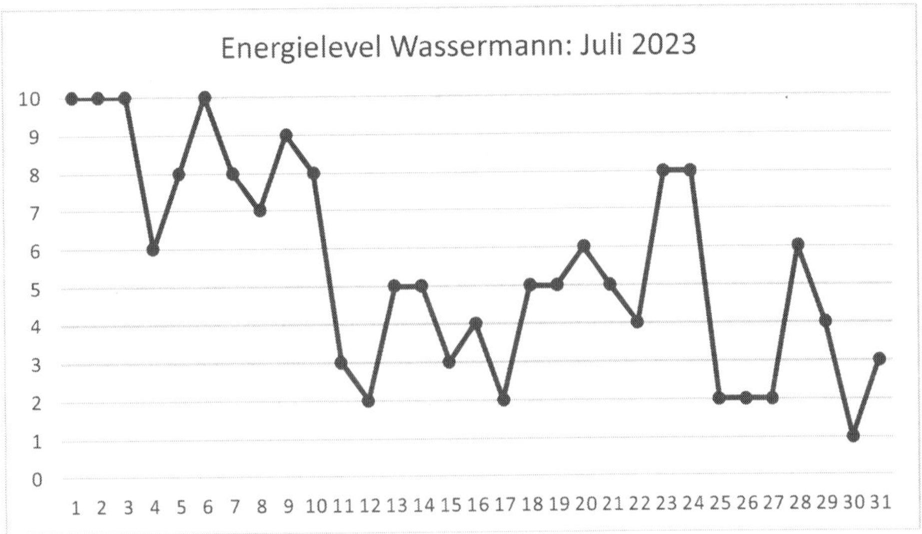

August

Erfolg Weniger günstig sieht es für Ihre Karriere aus. Das bedeutet nicht, dass es gleich Probleme gibt, aber Sie müssen sich plagen, bekommen mit anderen Worten nichts geschenkt. Aufpassen heißt es besonders in der letzten Augustwoche. Da läuft Merkur rückwärts, was schnell zu Leichtsinnsfehlern führt.

Liebe Die Liebe lässt Sie im August auf keinen Fall im Stich. Venus bleibt weiterhin Ihrem Tierkreiszeichen gegenüber, was dazu führt kann, dass Ihnen der Mensch begegnet, der für Sie bestimmt ist. In Ihrer Beziehung wiederum führt diese Venus-Position dazu, dass Sie sich besser verstehen und sich näherkommen.

Gut für Mal wieder Lotto spielen

Schlecht für Zum Neumond am 16. bitte keine wichtigen Unterschriften tätigen.

Die besten Sternenpartner: Löwe, Wassermann

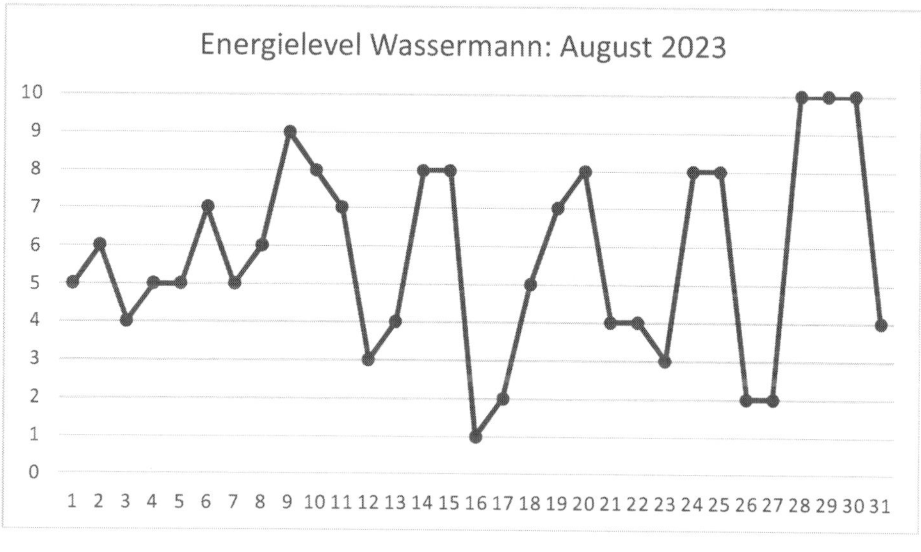

September

🏆 ***Erfolg*** Jetzt steht der Herrscherplanet des Jahres, Mars, wieder stark. Das führt bestimmt dazu, dass Sie besser im Beruf vorankommen. Allerdings bestehen auch weiterhin Probleme mit Merkur. In der ersten Septemberhälfte läuft er rückwärts. Da müssen Sie aufpassen, dass Ihnen keine Leichtsinnsfehler unterlaufen.

❤ ***Liebe*** Dafür ist die Liebe auch im September tipp topp. Venus bezieht weiter die Position Ihrem Sternzeichen genau gegenüber und lädt Sie ein, die schönen Dinge des Lebens zu genießen. Insbesondere die Singles unter ihnen haben jetzt die allerbesten Aussichten, dem Menschen näher zu kommen, mit dem sie dann in Zukunft gemeinsam leben. Schalten Sie ruhig auch mal eine Partnervermittlung ein.

👍 ***Gut für*** Unternehmen Sie etwas mit Ihren Freunden oder Kollegen.

☹ ***Schlecht für*** Einsamkeit.

★ ***Die besten Sternenpartner***: Zwillinge, Widder

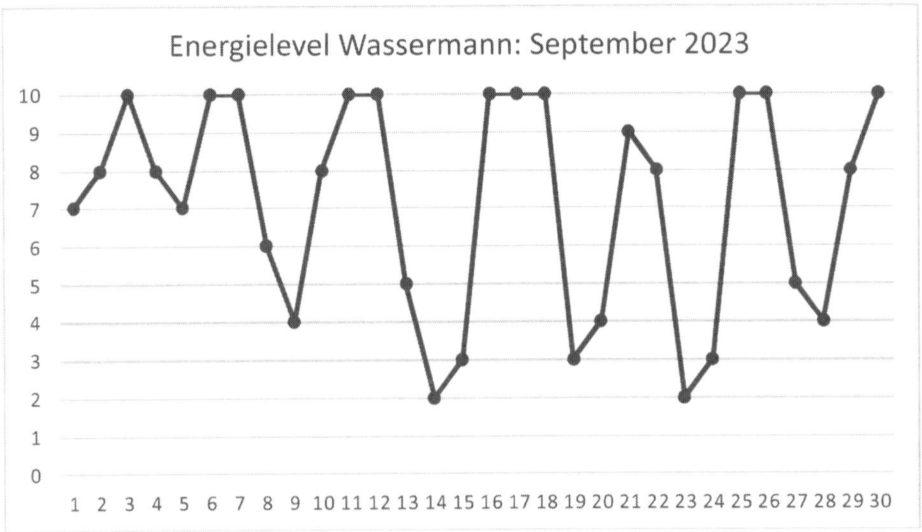

Oktober

Erfolg Wahrscheinlich finden Sie, dass es in Ihrem Beruf besser laufen könnte. Irgendwie kommen Sie nicht richtig zum Zuge. Insofern wäre es eigentlich am besten, Sie würden sich entspannen und das Leben so gut es eben geht, genießen. Aber auch das passt zu Ihren Sternen, sich Gedanken über Ihr weiteres Leben zu machen: Vielleicht suchen Sie einen neuen Job, oder Sie denken an eine Weiterbildung. Dafür wäre jetzt die richtige Zeit.

Liebe Gut möglich, dass Ihnen im Oktober Zärtlichkeit, Liebe und die Nähe zu jemandem, den Sie gernhaben, abgehen. Vielleicht fühlen Sie sich zwischendurch auch allein. Der Grund: Venus bezieht ab dem 9. eine ungünstige Position.

Gut für Freundschaft.

Schlecht für Sie müssen sich von ein paar Illusionen (und Hoffnungen) verabschieden.

Die besten Sternenpartner: Widder, Löwe, Wassermann

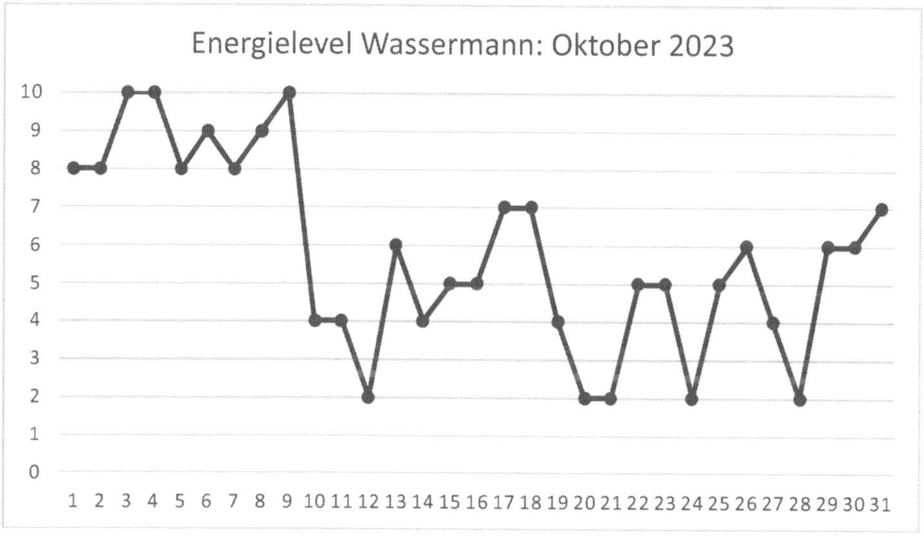

November

Erfolg Merkur rückt am 11. des Monats in eine für Sie günstige Position. Sofort haben Sie beruflich mehr Glück. Jetzt macht sich auch bemerkbar, dass Sie sich mit Saturn arrangiert haben: Sie sind besser geworden - und das wirkt sich aus.

Liebe Die Liebe wird ab der Monatsmitte stark. Venus steht im Trigon zu Ihrem Sternzeichen. In der Astrologie gilt diese Verbindung als besonders vielversprechend. Es heißt, von einem gehe jetzt eine Art Magie aus, die andere regelrecht anzieht. Für Singles heißt es: Jetzt bloß nicht den Menschen verschlafen, der für Sie bestimmt ist. Er begegnet Ihnen jetzt.

Gut für Beziehungen, die stimmen, werden jetzt fester.

Schlecht für Sie dürfen jetzt nicht kneifen.

Die besten Sternenpartner: Löwe, Waage, Schütze

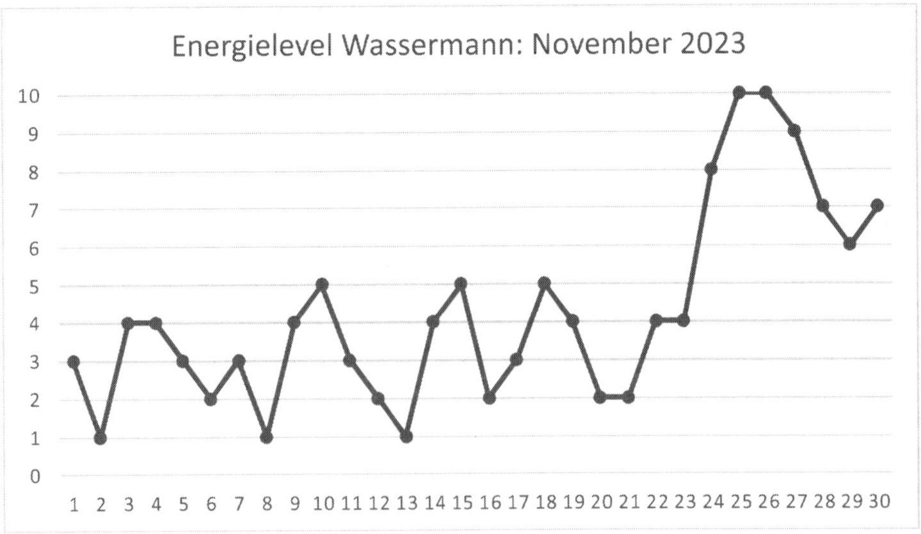

WASSERMANN: IHRE GANZ PERSÖNLICHEN STERNE IM

Dezember

Erfolg Achtung! Sie werden genau beobachtet: Für jede Dummheit oder Schlamperei müssen Sie bezahlen! Merkur legt ab dem 14. des Monats den Rückwärtsgang ein: Das heißt: doppelte Mühe, aber nur halber Lohn. Einen Vorteil hat diese Phase allerdings auch: Sie werden aufgefordert, Ihre Vorhaben auf Realisierbarkeit zu überprüfen.

Liebe Die Liebe steht im Dezember ausgesprochen mäßig. Venus glänzt durch Abwesenheit. Aber Mars, der das Jahr regiert, steht fantastisch, und er wird Ihnen zu einem glücklichen Weihnachtsfest verhelfen.

Gut für Ein toller Monat mit wenig Liebe, dafür viel Vergnügen.

Schlecht für Pessimismus.

Die besten Sternenpartner: Zwillinge, Löwe, Waage

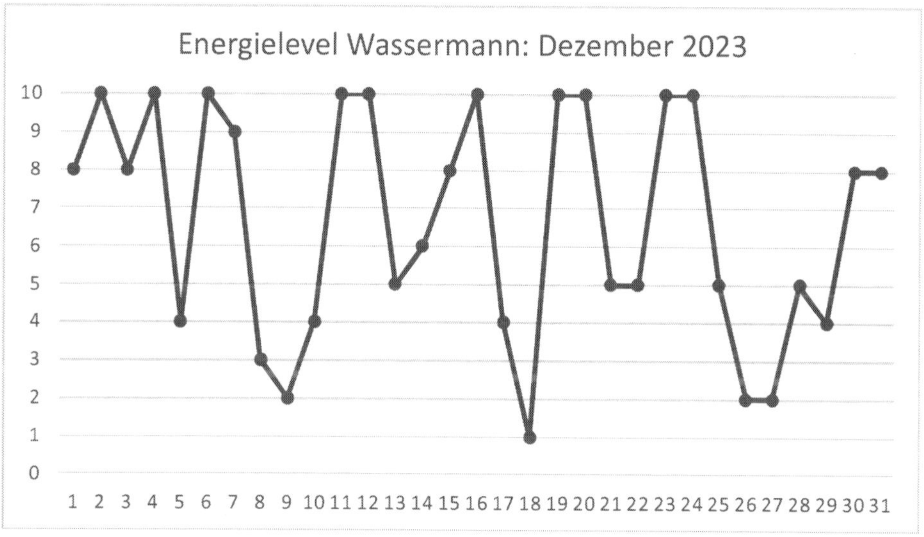

FISCHE

(20. Februar bis 20. März)

Mars, der Herrscher des Jahres 2023, bringt Unruhe, Lärm, Kampf und Egoismus mit sich. Werden Sie als sensibler Fisch da erfolgreich mithalten können? Keine Bange! Sie haben in Pluto einen starken Verbündeten und sind damit bestens ausgerüstet. Außerdem sind in einem Mars-Jahr Ihre Qualitäten besonders gefragt: Man wird Ihnen die wichtigsten Aufgaben anvertrauen, weil Sie im allgemeinen Tohuwabohu ruhig und besonnen bleiben. Also, keine Angst! Sie schaffen es wunderbar, das ist überhaupt keine Frage.

Neptun steht in Ihrem Sternzeichen Fische. Damit erfährt Ihr gesamtes Dasein eine Vergünstigung: Bessere Karten im Job und in der Liebe gibt es nicht! Neptun macht Sie glaubhaft und begehrenswert. Er verleiht Ihnen die Gabe, kleine Dinge groß und bedeutsam zu machen und damit Menschen zu gewinnen. Die Welt braucht Optimisten wie Sie. Dann, am 7. März, betritt Saturn Ihr Sternzeichen. Normalerweise gilt Saturn als ein schwieriger Planet. Er deckt Missstände auf, bringt die Wahrheit ans Tageslicht. Aber für Sie, einen Fisch, ist Saturn eine Wohltat. Man kann ja sagen, dass Sie, ein Fisch, in einer dem Wasser ähnlichen Welt leben. Nichts ist fest, alles fließt, verändert sich. Da ist doch ein Saturn eine regelrechte Wohltat. Er verleiht Ihnen Sicherheit. Am 7. März, kurz vor 17:00 Uhr, müssen Sie sich einfach Zeit nehmen und den Eintritt Saturns in Ihr Tierkreiszeichen feiern: Trinken Sie ein Glas Sekt auf ihn oder machen Sie eine Willkommensmeditation für den Planeten, der Ihnen jetzt bis zum Jahresende eine Chance verleiht, sich zu verwirklichen. Sie begegnen Menschen, die Sie faszinieren, und so mancher darunter wird Ihr lebenslanger Freund oder Gönner oder beeinflusst Sie dermaßen stark, dass Sie ihn nicht mehr vergessen.

Liebe

Für Ihre Liebe kommt die „Stunde der Wahrheit". Saturn in Ihrem Sternzeichen lässt Sie nicht nur in Ruhe, sondern segnet Sie sogar, wenn Ihre Beziehung stimmt, wenn Sie und Ihr Partner sich ergänzen, wenn Ihre Liebe ehrlich ist.

Dann werden Sie ein starkes und wunderbares Jahr Ihrer Liebe erleben und stolz auf Ihre Beziehung sein. Ist Ihre Liebe aber unehrlich, im Ungleichgewicht, auf einer unsoliden Basis, dann kommt Saturn wie ein rächender Engel und wird an der Beziehung rütteln und sie unter Umständen sogar beenden. Für Ihre Liebe kommt also die Stunde der Wahrheit. Aber Sie werden ja nicht nur geprüft. Neptun sorgt für Charme und Liebenswürdigkeit. Sie kommen beim anderen Geschlecht so gut an wie schon seit langem nicht mehr.

Karriere

Fünf wichtige Sterne beeinflussen Ihr berufliches Wirken:
Erstens Uranus: Er beflügelt Sie. Er flüstert Ihnen neue Ideen ein. Er sagt Ihnen auch, wann Sie etwas Neues beginnen müssen. Er ist auf jeden Fall auf Ihrer Seite.
Zweitens *Pluto*: Er steht in Ihrem 9. Sonnenhaus. Das bedeutet, dass Sie von der Kraft Ihrer Ahnen getragen werden. Was immer Ihre Vorfahren erworben haben, sei es geistiger oder materieller Natur, kommt Ihnen jetzt zugute. Eine Voraussetzung allerdings ist, dass Sie mit Ihrer Vergangenheit klar Schiff gemacht haben, es keine Barrieren gibt.
Drittens *Saturn*: Er steht wie gesagt ab März in Ihrem Sternzeichen und verleiht Ihnen Sicherheit.
Viertens *Mars*, der Jahresregent: Er bringt mehr Mut, mehr Schwung und frischen Unternehmungsgeist.
Fünftens *Neptun*: Er verleiht Ihnen Glaubwürdigkeit.

Ihre Mars-Chance

Mars hat auch seine guten Seiten. Er fördert Ihre Gesundheit, Sie sind fit und finden, sollte einmal etwas weh tun, rasch Genesung. Besonders im April sollten Sie sich mit Mars verbünden. Da steht er nämlich besonders stark zu Ihrem Sternzeichen. Sie bekommen neue, frische Energie und können diese nutzen, Ihrem Leben neuen Schwung zu verleihen. Jetzt ist der richtige Zeitpunkt, um endlich mit dem regelmäßigen „Walking“ zu beginnen. Gemeint ist damit, mit zwei Stöcken bewaffnet durch den Park zu marschieren.

CHARAKTER	Introvertiert, idealistisch, selbstlos
PERSÖNLICHES AUFTRETEN	Rätselhaft, zurückhaltend
FÜHLEN	Innig, seelenvoll
STEIN	Opal
TIER	Delphin
PFLANZE	Mohnblume
BESTER TAG	Freitag

Januar

Erfolg Den ganzen Monat über greift Ihnen Merkur unter die Arme. Damit ist eines klar: es läuft gut; Sie werden erfolgreich und glücklich sein. Im Januar werden auch schon Stücke vom Kuchen verteilt. Nein, es sind nicht die, die am besten schmecken. Aber Sie sollten sich entscheiden, ob Sie vom Erfolg weiter träumen – oder selber nach ihm greifen.

Liebe Uranus steht günstig zu Ihrem Sternzeichen – allerdings nur unter einer Voraussetzung: Dieser Uranus verbindet Sie mit Menschen, die ganz anders sind als Sie. Darin besteht ein großer Reiz, den Sie aber auch anerkennen müssen. Dann fühlen Sie sich wie neu geboren, sind sinnlich und bekommen nicht genug von Ihrem Partner. Sind Sie Single, können Sie davon ausgehen, jemandem zu begegnen, der Sie reizt, anzieht, aber auch verwirrt.

Gut für Sich mit Menschen verbinden, die anders sind als Sie.

Schlecht für Mutlos sein.

Die besten Sternenpartner: Jungfrau, Steinbock

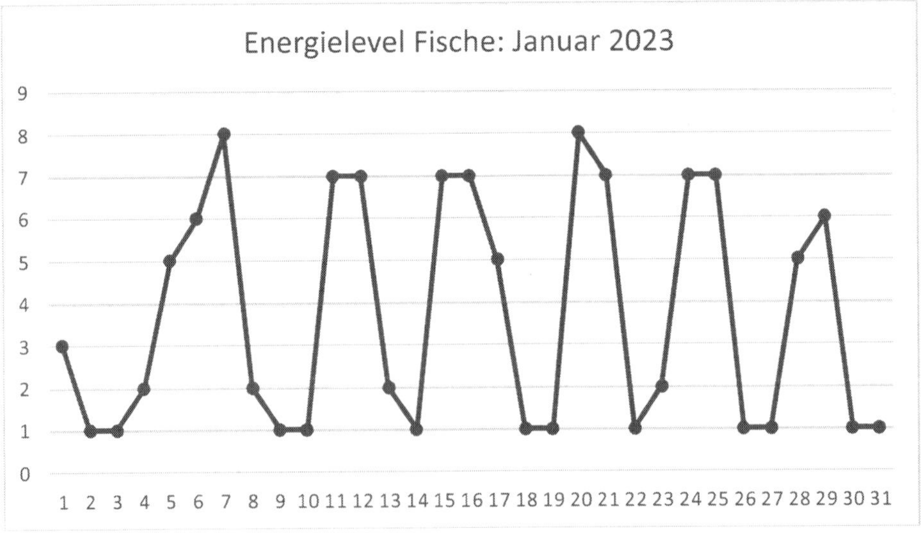

FISCHE: IHRE GANZ PERSÖNLICHEN STERNE IM

Februar

Erfolg Der Monat wird nicht einfach. Mars steht ungünstig. Sie werden das so erleben, dass Sie oft nicht richtig zur Ruhe kommen. Vielleicht verfolgen Sie auch ängstliche Gedanken, dass sich zum Beispiel alles ändern könnte. Aber der magische Kranz Ihrer Ahnen hält alles Schlimme von Ihnen ab.

Liebe Venus befindet sich bis zum 18. des Monats in Ihrem Sternzeichen und nimmt sich vor allem der Solisten unter Ihnen an. Sie schickt Ihnen Menschen über den Weg, die etwas haben, was Ihnen fehlt: vielleicht Geld, Erfolg, Macht oder Kultur. Allerdings müssen Sie auch bereit sein, sich darauf einzulassen.

Gut für Eine neue Liebe. Familiengründung.

Schlecht für Wenn Ihr Partner Sie nicht genügend liebt, hat er ausgespielt.

Die besten Sternenpartner: Skorpion, Fische, Steinbock

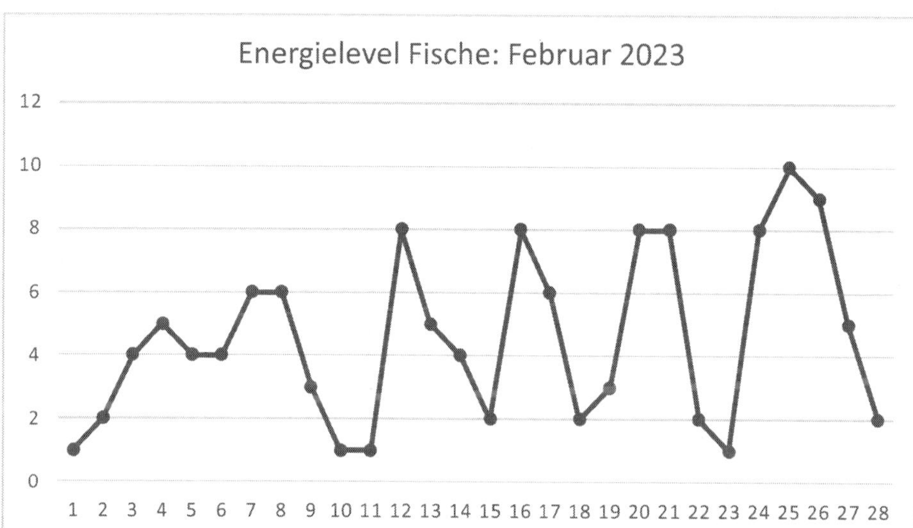

März

Erfolg Neptun und Saturn machen Ihnen die schönsten Geschenke. Sie werden im März immer wieder sagen: „Was habe ich für ein Glück!" Pluto verbindet Sie mit der Kraft Ihrer Ahnen. Alles, was diejenigen, die vor Ihnen waren, und denen Sie Ihr Leben verdanken, erarbeitet haben, fließt Ihnen zu, macht Sie stark, reich, erfahren. Wie ein magischer Wall umgeben Sie Ihre Ahnen und schützen Sie. Am Ende des Monats kommen Sie dann noch stärker in den Genuss des Jahresregenten Mars: Kraft ist im Anmarsch.

Liebe In der Liebe ist wenig zu erwarten. Mars und Venus sagen: Freundschaft Ja - Liebe und Leidenschaft, Nein. Das muss aber in gar keiner Weise unangenehm oder langweilig sein. Im Gegenteil, jetzt spielen einmal ganz andere Verhaltensweisen eine Rolle, und Sie lernen sich ganz neu kennen.

Gut für Mehr Einfluss.

Schlecht für Beziehungen, in denen nichts los ist.

Die besten Sternenpartner: Wassermann, Steinbock, Fische, Skorpion

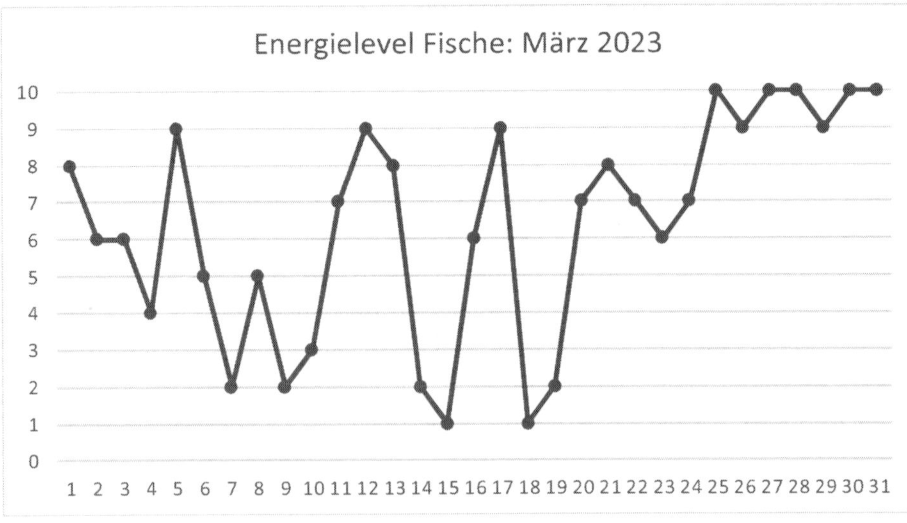

FISCHE: IHRE GANZ PERSÖNLICHEN STERNE IM

April

🏆 ***Erfolg*** Sie glänzen durch Selbstbewusstsein: Sie lassen sich nicht so leicht aus dem Konzept bringen und überraschen vor allem durch eine fast spielerische Leichtfertigkeit im Umgang mit Problemen. Das Schönste: Uranus ist Förderer und Unterstützer. Mit seiner Hilfe eröffnen sich ganz neue Möglichkeiten – sowohl privat als auch im Beruf.

❤ ***Liebe*** Die Sterne der Liebe halten sich zunächst zurück. Aber sie sind auch nicht unglücklich, wenn Sie alleine sind. Allerdings bezieht Jahresregent Mars fast den ganzen Monat über eine starke Position. Das sorgt für Überraschungen.

👍 ***Gut für*** Sich nach einer neuen Arbeit umschauen.

☹ ***Schlecht für*** Sich aus einer schlechten Berufssituation nicht befreien.

★ ***Die besten Sternenpartner***: Steinbock, Jungfrau, Stier

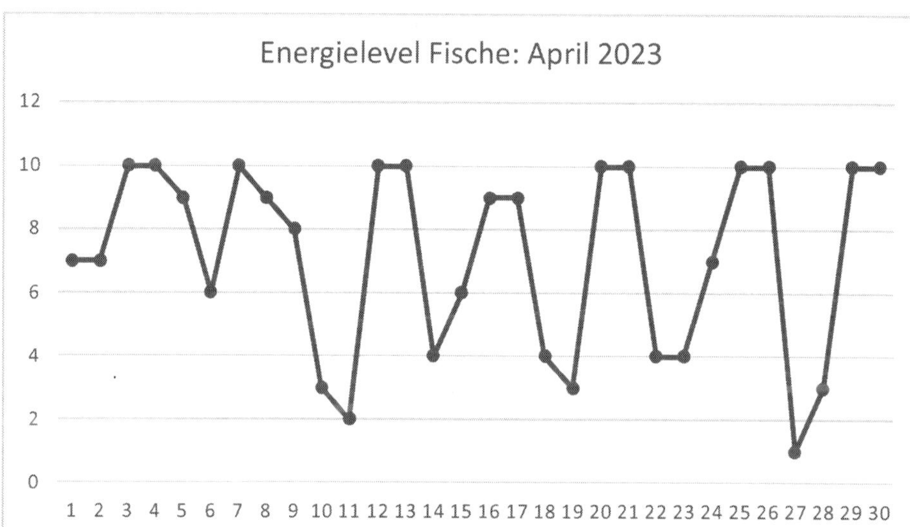

Mai

🏆 ***Erfolg*** Am 17. Mai verlässt Jupiter seine Position im Tierkreiszeichen Widder und betritt den Stier. Das bedeutet, dass es leichter wird. Dieser Jupiter bringt gute Voraussetzungen für Ihre finanzielle Situation. Sicher wird es nicht gleich Geldscheine vom Himmel regnen, aber Sie können davon ausgehen, dass es jetzt von Tag zu Tag besser wird. Außerdem signalisiert diese Jupiter-Position ganz generell mehr Glück. Diejenigen unter Ihnen, die auf Berufssuche sind, werden jetzt fündig.

❤ ***Liebe*** In der Liebe wird es mit in dem Liebesplaneten Venus und Mars im Krebs traumhaft. Vielleicht schenkt Ihnen der Himmel den schönsten Monat Mai, den sie bisher erlebt haben. Erst gegen Monatsende empfinden Sie Unstimmigkeiten in der Beziehung schmerzlicher als sonst.

👍 ***Gut für*** Abwarten und nichts Neues beginnen.

☹ ***Schlecht für*** Eine neue Liebe.

★ ***Die besten Sternenpartner***: Jungfrau, Steinbock, Fische

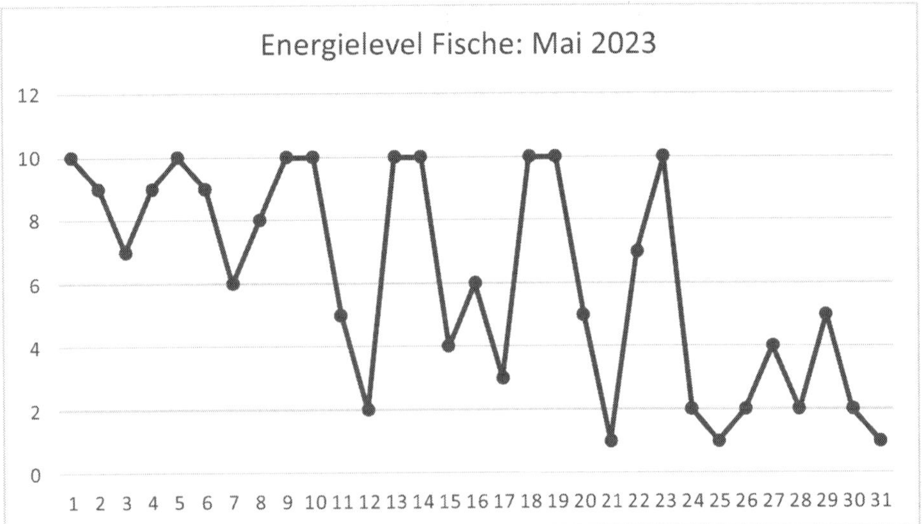

Juni

Erfolg Mars, der Jahresherrscher, befindet sich den ganzen Monat über im Zeichen Löwe und damit in Ihrem sechsten Solarhaus. Das macht Druck. Aber da zugleich wirkt Jupiter im Tierkreiszeichen Stier ausgesprochen günstig für Sie. Jetzt kann es Ihnen gelingen, endlich das zu erreichen, wovon Sie immer träumen. Dass es Ihnen nicht zu viel wird, Sie Ihre heitere Lebensart nicht verlieren, dafür sorgt Neptun und ab dem 21. die Sonne, die dann das Tierkreiszeichen Krebs betritt.

Liebe In der Liebe wird weniger geboten. Venus bezieht Position im Löwen. Daraus lässt sich schließen, dass Sie höchstens mit einem Menschen auskommen, der Ihnen sehr vertraut ist. Neue Liebespartner sind rar und auch gar nicht wünschenswert, weil sie nicht zu Ihnen passen.

Gut für Sich ein Ziel setzen und dranbleiben bis es erfüllt ist.

Schlecht für Projekte zum Monatsende hin laufen schlecht.

Die besten Sternenpartner: Steinbock, Krebs, Stier

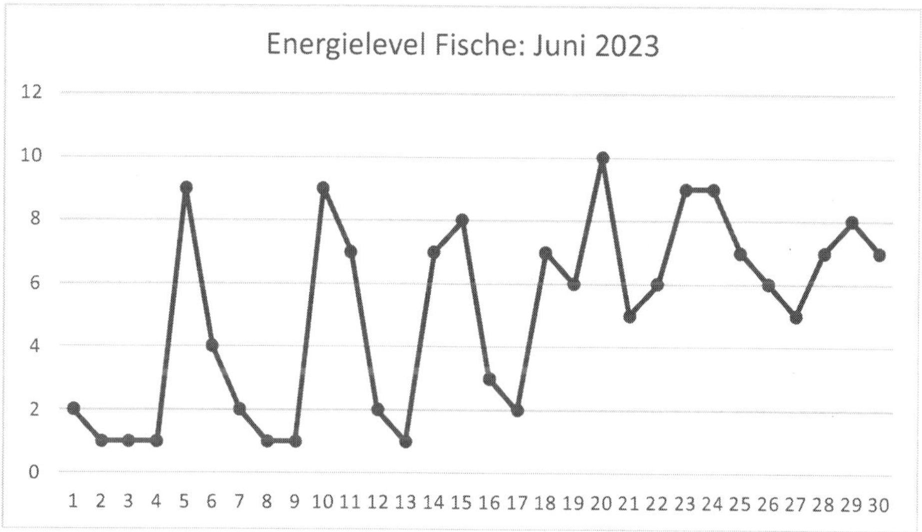

Juli

Erfolg Jupiter, der Glücksplanet, bezieht weiterhin für Sie eine günstige Position. Ab dem 10. des Monats bekommen Sie dann auch noch Unterstützung vom Jahresregenten Mars. Das ist, als würde Ihnen eine Rüstung angepasst, um sich besser durchsetzen zu können. Jupiter und Mars machen Sie stark und selbstbewusst, damit Sie nicht alles einstecken und nachgeben.

Liebe Es geht jetzt nicht nur nach Ihrem Kopf. Auch andere haben Wünsche. Kompromisse sind angesagt. Bilden Sie einen „Familienrat" und diskutieren Sie die Sache aus: fair, gerecht, stimmig! Lassen Sie sich Ihre Laune nicht verderben. Sie haben sich ein Geschenk verdient.

Gut für Freundschaften festigen und neue Freundschaften schließen.

Schlecht für Einfach nebeneinanderher leben ist jetzt nicht mehr möglich.

Die besten Sternenpartner: Krebs, Fische, Skorpion

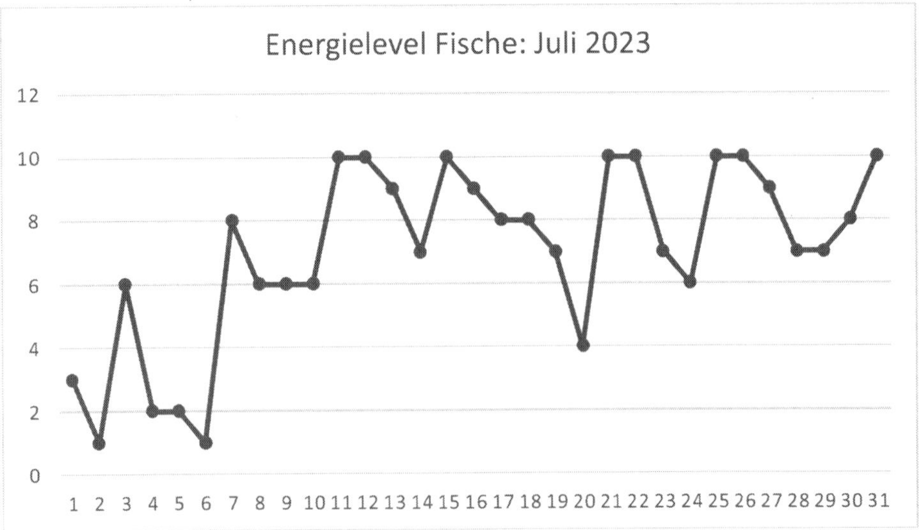

August

Erfolg Die Sonne im Löwen verordnet den „Schongang". Sie brauchen Raum und Zeit, um zu träumen und Sachen zu machen, die Ihnen guttun. Wenn es tagsüber nicht geht, holen Sie es eben am Abend nach. Am schönsten wäre natürlich ein Urlaub. Oder, Sie gönnen sich Pausen – und vor allem auch Schwächen. Erste Lektion, um entspannter zu leben: Sie müssen nicht immer perfekt sein.

Liebe Venus bezieht eine ungünstige Position. In der Liebe wird daher wenig geboten. Eher ist es so, dass es zu Auseinandersetzungen und Streitigkeiten in Beziehungen kommt. Bleiben Sie fair! Eine neue Liebe kommt unter diesen Sternen höchst selten zu Stande.

Gut für Vorwärtskommen, Geld verdienen.

Schlecht für Auf bessere Möglichkeiten sich warten.

Die besten Sternenpartner: Steinbock, Jungfrau, Stier

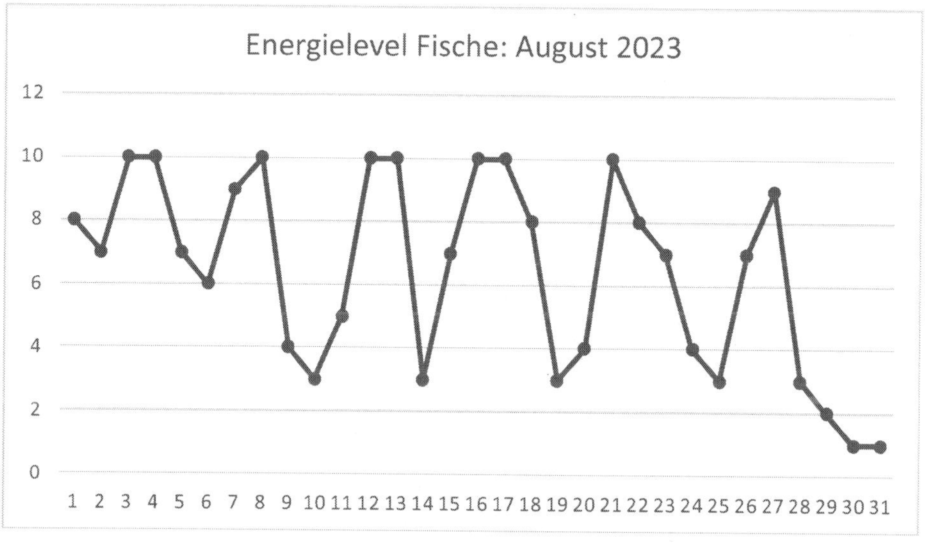

September

Erfolg Mit Mars im Tierkreiszeichen Waage stehen Sie nicht auf der Siegerseite. Sie können nicht Ihren Kopf durchsetzen. Ein Kompromiss ist angesagt. Sie sollten auch wissen, dass Merkur bis zur Monatsmitte den Rückwärtsgang einlegt. Da ist auch für Sie angesagt, immer wieder Pausen zu machen. Je mehr Sie sich schonen, umso besser kommen Sie zurecht.

Liebe Venus läuft durch das Tierkreiszeichen Jungfrau und Mars besetzt die Waage. Das könnte für Sie bewirken, dass Sie sich selbst verlieren, also nicht mehr wissen, was richtig ist. Läuft es ganz ungünstig, wird sich das auch auf ihr Liebesleben aus. Besser Sie bleiben im Moment möglichst viel allein.

Gut für Sich um Ihre Gesundheit kümmern.

Schlecht für Einfach alles laufen lassen.

Die besten Sternenpartner: Jungfrau

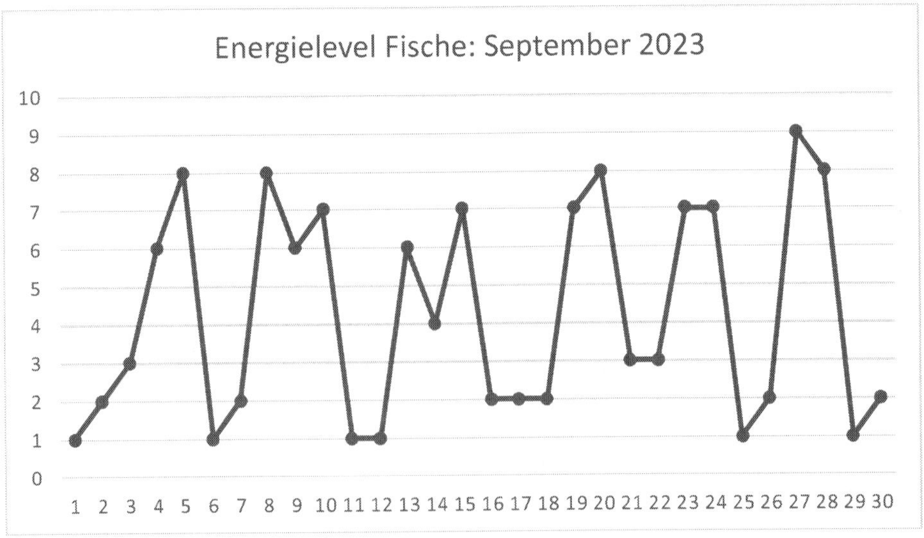

Oktober

🏆 ***Erfolg*** Ihre Konzentration ist schlecht. Deswegen kann man Sie auch leicht aus dem Konzept bringen. Lassen Sie sich trotzdem nicht dazu hinreißen, Dinge zu sagen, die Ihnen hinterher leidtun. Bleiben Sie freundlich! Ab dem 12. Oktober wird Ihr Alltag hektisch. Planet Mars bezieht Position im Tierkreiszeichen Skorpion.

❤ ***Liebe*** Der Liebesplanet Venus befindet sich bis zum 11. des Monats im Sternzeichen Jungfrau. Das macht Sie besonders liebenswert. Aber die Sonne befindet sich in der Waage und Jupiter im Tierkreiszeichen Stier. Das führt schnell zu Streitgesprächen: Ihr Partner will etwas anderes als Sie. Ja und? Jetzt müssen Sie eben diskutieren, wenn nötig auch streiten. Geben Sie nicht klein bei. Wichtig ist aber Ihre Bereitschaft zur Versöhnung.

👍 ***Gut für*** Sich Zeit nehmen

☹ ***Schlecht für*** Sich auch noch selber fertig machen, wenn es nicht so gut kommt.

★ ***Die besten Sternenpartner***: Stier, Jungfrau, Fische

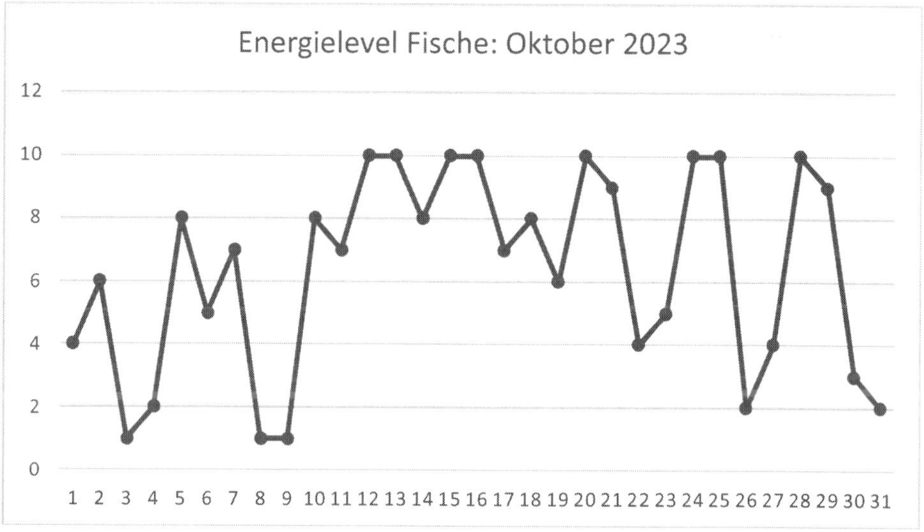

November

🏆 ***Erfolg*** Beruflich haben Sie nur in den ersten Zehn Novembertagen einen guten Lauf. Danach bekommen Sie unter Umständen sogar Schwierigkeiten. Auf jeden Fall müssen Sie auf Ihr Geld aufpassen: Es rinnt Ihnen wie Wasser durch die Finger.

❤ ***Liebe*** Mars, der regierende Planet des Jahres, gemeinsam mit Jupiter hexen Ihre Schüchternheit weg. Wenn es irgendjemanden gibt, den Sie näher kennen lernen möchten, dann ist jetzt die richtige Zeit, um auf dieses Wesen zuzugehen und ihm Ihre Zuneigung zu gestehen. Mit diesem Mars im Skorpion sind auch größere Lust und Leidenschaft verbunden. Weil wiederum auch Jupiter stark steht, können Sie die wunderbare Erfahrung machen, dass Liebe und Sex über das rein Körperliche hinaussteigen, und den Himmel berühren.

👍 ***Gut für*** Herrliche Erfahrungen in der Liebe.

☹ ***Schlecht für*** Einfach so weitermachen wie bisher.

★ ***Die besten Sternenpartner:*** Fische, Wassermann, Schütze

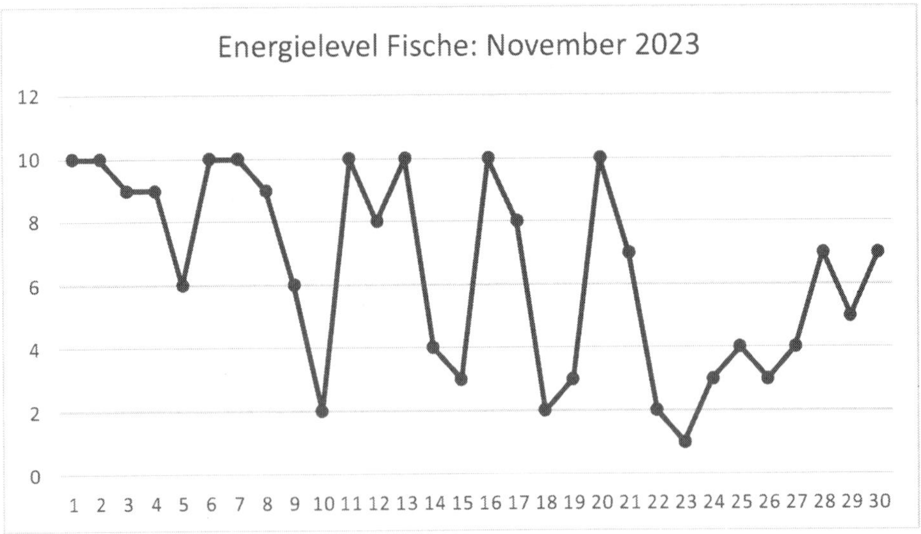

Dezember

Erfolg Beruflich müssen Sie sich auf eine harte Vorweihnachtszeit einstellen, aber das ist jedes Jahr so, und daher sind Sie es auch gewohnt. Außerdem lässt Jupiter auf gar keinen Fall zu, dass Sie größere Probleme bekommen. Alles spricht dafür, dass Sie zum Jahresende einen positiven Jahresabschluss verbuchen können.

Liebe Ab dem 5. Dezember läuft für Sie eine der schönsten Zeiten des ganzen Jahres, denn Venus und Jupiter kümmern sich gemeinsam um Sie. Sie werden eine wunderbare Adventszeit und eine traumhafte Weihnachtszeit mit Ihrem Partner erleben. Single? Gibt es um diese Zeit des Jahres längst nicht mehr!

Gut für Menschen, die Sie verstehen.

Schlecht für Belangloses und Nebensächliches.

Die besten Sternenpartner: Krebs, Steinbock, Skorpion, Fische

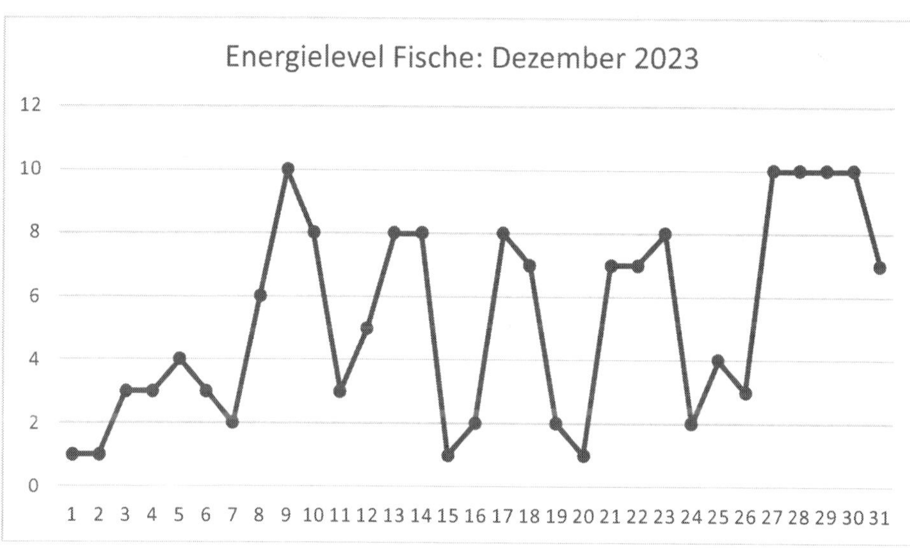

Literatur

„Kraft und Last der Familie"
Ein astrologisches
Symposium
München 2020

Erich Bauer verbindet Astrologie und systemische Familienpsychologie. Er geht davon aus, dass die Stellung der Planeten im Horoskop zueinander, im Grunde einer Familienaufstellung gleicht. Es gilt daher die Botschaften der Planeten zu entschlüsseln, um das eigene Schicksal besser zu verstehen, die Kraft der Ahnen zu nutzen und die Zukunft besser zu beeiflussen.

Erich Bauer „Das zweite Gesicht"
Roman, München 2020

Eine magische Geschichte, die uns eintauchen lässt in eine Welt, die vergangen schien. Die Erzählung nimmt uns mit auf eine Reise in ein Land, das nach seinen eigenen Regeln spielt. Obwohl diese märchenhafte Welt unserer so fern ist, nähert sie sich und wird zur Realität. Wir nehmen gerne die Einladung an, ein Stück mitzugehen Richtung Ursprung. Der Weg führt im Endeffekt auch zu uns selbst und mündet in einer befreienden Selbstresonanz. Vielleicht ist das Leben ohnehin nur ein Traum, der vom Tod beendet wird?

„Ketten sprengen leicht gemacht“, München 2019

Ein psychologisch-spiritueller Leuchtpfad. Ich bin überzeugt, dass wir unser gesamtes Leben lang einen spirituellen Begleiter haben: Er schenkt Sicherheit, Zufriedenheit und Glück. Doch ich weiß auch, dass die allermeisten Menschen das vergessen, sich Sorgen machen, Angst haben, unzufrieden, unglücklich sind. Ich zeige in diesem Buch, wie sich fast alle Herausforderungen des Lebens besiegen lassen. Mein Wissen entstammt der Psychologie, der Astrologie, verschiedenen Heilmethoden und meiner über vierzigjährigen Erfahrung.

Alle Bücher sind auf www.amazon.de erhältlich.

10 EURO

FÜR KAUF DIESES BUCHES

ZURÜCKVERDIENEN

IHR GUTSCHEINCODE FÜR 10 EURO RABATT FÜR IHR

PERSÖNLICHES HOROSKOP:

Horoskop2023

AUFTRÄGE WERDEN IM SHOP *WWW.ASTROPORTAL.COM/SHOP* ANGENOMMEN. IN DIESEM SHOP KÖNNEN SIE AUCH DEN GUTSCHEIN EINLÖSEN FÜR EIN BELIEBIGES HOROSKOP. DIESER GUTSCHEIN IST *EINMALIG GÜLTIG BIS 31. DEZEMBER 2023.*

Wie funktioniert das?

Ihre persönliche Zukunft: Noch zutreffender geht es nicht!

Als Dankeschön für den Erwerb dieses Buches erhalten Sie den Kaufpreis des Buches als Rabatt für die Erstellung Ihres persönlichen Jahreshoroskops. Star-Astrologe Erich Bauer analysiert gerne Ihre persönlichen Sterne. Sie erhalten Ihr persönliches Jahreshoroskop für 12 Monate plus einen Bonus-Monat gratis.

Werfen Sie einen Blick in die nächsten 12 Monate mit Ihrem persönlichen Jahreshoroskop. Für alle Aufträge gibt es als Bonus zusätzlich einen 13. Monat gratis zu Ihrer Zukunftsprognose von Erich Bauer inkl. Filmbotschaft.

Sie erhalten diesen Bonus in **zwei Varianten** von Zukunfts-Analysen aus denen Sie wählen können:

Variante 1: Bewährtes Bonus-Jahreshoroskop als PDF oder als gedrucktes Buch für nur EUR 39,90 (Umfang ca. 40 Seiten) geliefert in 5 individuell für Sie erstellte Analyse-Teilen.

Variante 2: Bonus-Jahreshoroskop Premium. Es gibt wohl keine genauere Zukunftsprognose in Deutschland als das Jahreshoroskop Premium. Falls Sie einen detaillierten Blick in Ihre persönliche Zukunft werfen möchten.

https://www.astroportal.com/shop

Printed in Poland
by Amazon Fulfillment
Poland Sp. z o.o., Wrocław

15973965R00101